in	iang	ing	iong	u	ua	uo	uai	uei	uan	uen	uang	ueng	ü	üe	üan	ün
yin	yang	ying	yong	wu	wa	wo	wai	wei	wan	wen	wang	weng	yu	yue	yuan	yun
bin		bing		bu												
pin		ping		pu												
min		ming		mu												
				fu												
		ding		du		duo		dui	duan	dun						
		ting		tu		tuo		tui	tuan	tun						
nin	niang	ning		nu		nuo			nuan				nü	nüe		
lin	liang	ling		lu		luo			luan	lun			lü	lüe		
				gu	gua	guo	guai	gui	guan	gun	guang					
				ku	kua	kuo	kuai	kui	kuan	kun	kuang					
				hu	hua	huo	huai	hui	huan	hun	huang					
jin	jiang	jing	jiong										ju	jue	juan	jun
qin	qiang	qing	qiong										qu	que	quan	qun
xin	xiang	xing	xiong										xu	xue	xuan	xun
				zhu	zhua	zhuo	zhuai	zhui	zhuan	zhun	zhuang					
				chu	chua	chuo	chuai	chui	chuan	chun	chuang					
				shu	shua	shuo	shuai	shui	shuan	shun	shuang					
				ru	rua	ruo		rui	ruan	run						
				zu		zuo		zui	zuan	zun						
				cu		cuo		cui	cuan	cun						
				su		suo		sui	suan	sun						

中国語基本音節表

母音＼子音	a	o	e	-i	-i	er	ai	ei	ao	ou	an	en	ang	eng	ong	i	ia	ie	ia
母音のみの表記	a	o	e			er	ai	ei	ao	ou	an	en	ang	eng		yi	ya	ye	ya
b	ba	bo					bai	bei	bao		ban	ben	bang	beng		bi		bie	bia
p	pa	po					pai	pei	pao	pou	pan	pen	pang	peng		pi		pie	pia
m	ma	mo	me				mai	mei	mao	mou	man	men	mang	meng		mi		mie	mia
f	fa	fo						fei		fou	fan	fen	fang	feng					
d	da		de				dai	dei	dao	dou	dan	den	dang	deng	dong	di	dia	die	dia
t	ta		te				tai		tao	tou	tan		tang	teng	tong	ti		tie	tia
n	na		ne				nai	nei	nao	nou	nan	nen	nang	neng	nong	ni		nie	nia
l	la	lo	le				lai	lei	lao	lou	lan		lang	leng	long	li	lia	lie	lia
g	ga		ge				gai	gei	gao	gou	gan	gen	gang	geng	gong				
k	ka		ke				kai	kei	kao	kou	kan	ken	kang	keng	kong				
h	ha		he				hai	hei	hao	hou	han	hen	hang	heng	hong				
j																ji	jia	jie	jia
q																qi	qia	qie	qia
x																xi	xia	xie	xia
zh	zha		zhe	zhi			zhai	zhei	zhao	zhou	zhan	zhen	zhang	zheng	zhong				
ch	cha		che	chi			chai		chao	chou	chan	chen	chang	cheng	chong				
sh	sha		she	shi			shai	shei	shao	shou	shan	shen	shang	sheng					
r			re	ri					rao	rou	ran	ren	rang	reng	rong				
z	za		ze		zi		zai	zei	zao	zou	zan	zen	zang	zeng	zong				
c	ca		ce		ci		cai		cao	cou	can	cen	cang	ceng	cong				
s	sa		se		si		sai		sao	sou	san	sen	sang	seng	song				

CD付テキスト

チャイニーズ
センテンスの理解と実践

Juzi Jiegou de Lijie he Yingyong

文 楚 雄　著
陳　　敏

晃 洋 書 房

> CD
>
> 　発音、本文、関連語彙が吹き込まれています。
>
> 　頭出しが自由にできます。
>
> マークの数字が頭出しの番号です。

まえがき

（一）対象者

　この教材は、中国語初級程度の文法、文型、語彙などを一通り習った学生を対象としているものである。基本的には二回生からの使用と考えているが、多種多様な学生への対応も可能である。

（二）ねらいと到達目標

　初級の学習が終わり、中級レベルの力を身に付けようとする人には、センテンスの構造や構文への一層の理解や実践が不可欠であろう。しかし、残念ながら今の時点ではこの目標を達成できるテキストはまだ少ないのが現状である。筆者たちはこのような状況を少しでも改善しようと模索するところである。本書はこのような考え方に基づき、長年の現場での経験を生かして作成したものである。

　テキストはセンテンスの構成成分毎に課に分け、豊富な例文やトレーニングの問題を立てて、センテンスの構造への理解や応用を行っていく。このことによって、中国語の単文作成の能力や文法能力などの総合能力を身に付ける。中国語検定試験から言えば、4級から3級レベルの総合能力を養成することを到達目標としている。

（三）テキストの構成

　教材は、15課から構成され、週1回の授業の場合では半期の教材となる。毎課は2部から編成され、第1部は重要な文法事項、第2部は実力アップのトレーニングの問題で編成されている。文法事項の部では、主語、述語、目的語などのように文の構成成分で課を組み立てている。たとえば、述語の課では初級段階に習った述語に関する各項目を、例文を提示しながら簡潔にまとめている。トレーニングの問題は、重要な文法事項に照らしながら、難易度の異なる6パターンの問題を提示し、能力アップの訓練を進めていく。このトレーニングの作業により、学習者の単文作成の能力、日本語から中国語に訳する能力、中国語の読解能力などが高められる。

（四）教材使用の注意事項

　この教材は多様な使用が可能である。すべての項目をやらなければならない性格ではない。

様々な学習者の実情に応じて取捨選択をお勧めする。たとえば、週1回の中国語の作文の授業の場合なら、第1部の文法の整理は授業時にやる必要がなく、事前の予習として学習させ、授業時には第2部のみをやれば15回分の教材として使える。また、週2回の授業の場合では、第1部の文法事項は1回、第2部のトレーニング問題は1回、1課は2回で行えば、およそ26回分の教材となる。

　なお、この教材の後続として、特殊構造のセンテンスを中心とした内容の姉妹編を考えている。

　2010年2月吉日

著　　者

目　录

第 一 课　謂　　　語（述語）————————————　1

第 二 课　主語と賓語（主語と目的語）————————　10

第 三 课　定　　　語（連体修飾語）————————　19

第 四 课　実力テスト（一）————————————　28

第 五 课　状　　　語（一）（連用修飾語　一）————　31

第 六 课　状　　　語（二）（連用修飾語　二）————　40

第 七 课　「得」補語（程度、様態補語）——————　51

第 八 课　実力テスト（二）————————————　59

第 九 课　結 果 補 語 ————————————————　63

第 十 课　数 量 補 語 ————————————————　72

第十一课　方 向 補 語 ————————————————　81

第十二课　実力テスト（三）————————————　92

第十三课　可能動詞と可能補語（一）————————　96

第十四课　可能動詞と可能補語（二）————————　105

第十五课　実力テスト（四）————————————　114

中国語構文の基本語順

主語部	+	述語部	+	目的語部
（定語） → 主語	+	〔状語〕 → 述語 ← 〈補語〉	+	（定語） → 目的語

小王的 → 妹妹 (王君の妹は	+	在家 → 学了 ← 三个月 家で三カ月間学んだ	+	最基本的 → 会话 最も基本的な会話を)
所有的 → 同学 (すべてのクラスメートは	+	都 → 听 ← 明白 了 みんな理解した	+	他说的 → 意思 彼が話した(ことば)の意味を)
在场的 → 人 (その場にいた人々は	+	都 清楚地 → 看 ← 到 了 みんなはっきりと見た	+	当时发生的 → 一切 当時起きたすべてを)

第一课　謂　　　語（述語）

第 1 部　キーポイントのチェック

1. 述語の定義

　　述語は、主語に対してその動作、状態、性質などについて叙述するものである。述語はほとんどの場合は動詞または形容詞から構成される。しかし、名詞フレーズだけで構成する場合もある。また、形容詞で構成される場合には「是」が要らないことに気をつけよう。

2. 述語の構文

　(1) 動詞述語文

　　　1) 我吃米饭。他吃面条。（私はライスを食べる。彼は麺を食べる。）

　　　2) 我看电视。他听音乐。（私はテレビを見る。彼は音楽を聴く。）

　(2) 判断動詞述語文

　　　3) 我是中国人。他是日本人。（私は中国人だ。彼は日本人だ。）

　　　4) 我是北京人。她是上海人。（私は北京の人だ。彼は上海の人だ。）

　(3) 存現動詞述語文

　▲日本語の「○○は○○にいる（ある）」の文型は動詞「在」を使い、場所を示すことばは「在」の後に置く。

　　　5) 小王在图书馆，小李在教室。（王君は図書館におり、李君は教室にいる。）

　　　6) 词典在书包里，报纸在桌子上。（辞書はかばんの中にあり、新聞は机の上にある。）

　▲日本語の「○○には○○がいる（ある）」の文型は動詞「有」を使い、場所を示すことばは「有」の前に置く。

　　　7) 会议室里有老师。教室里有学生。（会議室には先生がいる。教室には学生がいる。）

　　　8) 桌子上有词典。书包里有本子。（机の上には辞書がある。かばんにはノートがある。）

　(4) 願望助動詞を伴う述語文

　　　9) 你想吃什么？（何を食べたいか。）

10）那里很危险，你**敢**去吗？（あそこはとても危険だが、君は行く勇気があるか。）

　　11）你们**应该**好好学习。（君たちはよく勉強しなければならない。）

（5）形容詞述語文

　▲形容詞はそのまま述語になるので、「是」は使わない。

　　12）冬天**冷**，夏天**热**。（冬は寒く、夏は暑い。）

　　13）日本的物价**贵**，中国的物价**便宜**。（日本の物価は高く、中国の物価は安い。）

　▲過去のことでも形容詞はそのままとなる。

　　14）去年夏天很热。（去年の夏は暑かった。）

（6）重ね型の述語文

　　15）你**尝尝**这个菜吧。（この料理を食べてみてください。）

　　16）她现在很忙，你去**帮帮**她吧。（彼女はいま忙しい。手伝いに行きなさい。）

　　17）我们打算去香港**走一走**，**看一看**。（私たちは香港を周るつもりだ。）

　　18）我**想了想**，还是决定买。（いろいろ考えてみたが、やはり買うことにした。）

　　19）他**是不是**学生？（彼は学生か。）

　　20）你**去不去**学校？（君は学校へ行くか。）

　　21）你最近**忙不忙**？（最近忙しいか。）

（7）名詞フレーズ述語文

　　22）今天**星期三**，明天**星期四**。（今日は水曜日で、明日は木曜日だ。）

　　23）哥哥**大学一年级**，妹妹**中学二年级**。（兄は大学1年生で、妹は中学校2年生だ。）

　▲判断動詞「是」を入れてもいいなので、「是」の省略と考えてもいいだろう。

3. 述語の否定

　▲述語の否定は述語の前に「不」を入れて行なう場合は、主観的な判断・意思に基づくものとなる。

　　24）今天我**不**去图书馆，他也**不**去。（今日、私は図書館に行かない、彼も行かない。）

　　25）上午我**不**看电视，也**不**听音乐。（午前中、私はテレビを見ない、音楽も聴かない。）

　▲判断動詞「是」はいつも「不」で否定する。

　　26）我**不是**学生，他也**不是**学生。（私は学生ではない，彼も学生ではない。）

　　27）他原来**不是**老师。（彼はもともと教員ではなかった。）

　　28）昨天**不是**二十三号。（昨日は23日ではないよ。）

　▲述語は形容詞の場合は否定する時「不」でしか使わない。

29) 冬天**不**冷，夏天**不**热。（冬は寒くなく、夏は暑くない。）

30) 昨天一点也**不**冷。（昨日はすこしも寒くなかった。）

▲「在」を否定する場合、「不」と「没」を使う。意味は同じである。

31) 小李**不**（**没**）在家，在学校。（李君は家におらず、学校にいる。）

32) 词典**不**（**没**）在桌子上，在书包里。（辞書は机の上ではなく、かばんの中にある。）

▲動詞「有」の否定は「不」を使わず、「没」を使う。

33) 教室里**没**有学生。（教室には学生がいない。）

34) 小王**没**有哥哥。（王君はお兄さんがいない。）

▲動作動詞を「没」で否定すると、「〜していない」か「〜しなかった」の意になる。「不」で否定する時との違いに注意しよう。

35) 姐姐还**没**有结婚。（姉はまだ結婚していない。）⇔姐姐**不**结婚。（姉は結婚しない。）

36) 他**没**吃早饭。（彼は朝ご飯を食べなかった。）⇔他**不**吃早饭。（彼は朝ご飯を食べない。）

4. 述語の時態

▲動作、行為の完了、実現などを表すときには「了」を使う。目的語に修飾語がある場合など、「了」は動詞の後に置くが、目的語の後に置く場合もある

37) 他唱**了**什么歌？他唱**了**中国歌。（彼はどんな歌を歌ったの。中国の歌を歌った。）

38) 你吃饭**了**吗？我吃饭**了**。（ご飯は食べたか。食べた。）

▲完了の否定の場合は「了」を使わずに、動詞の前に「没」を使う。

39) 昨天我**没**去学校。（昨日は学校へ行かなかった。）

40) 昨晚我**没**看电视。（昨夜はテレビを見なかった。）

▲過去の経験を表す場合には、動詞の後に「过」を使う。否定の場合には「过」を残したまま、動詞の前に「没」を入れる。

41) 你去**过**中国吗？（中国へ行ったことがあるか。）

42) 你读**过**中国的小说吗？（中国の小説を読んだことがあるか。）

43) 我去过北京，但还**没**去**过**上海。（北京は行ったことがあるが、上海はまだだ。）

44) 我学过英语和汉语，但**没**学**过**德语。（英語と中国語は習ったことがあるが、ドイツ語は習ったことがない。）

▲進行、持続の意味を表す時には、動詞の前に「在」動詞の後に「着」などを使う。

45) 他**在**干什么？他**在**看电视。（彼はいま何をやっているの。テレビを見ている。）

46）王老师不在这里，他正在开会呢。（王先生はここにいない。いま、会議中だ。）

47）外面下着雨呢。（外は雨が降っている。）

48）门开着，窗户也开着。（ドアが開いており、窓も開いている。）

5. 述語の位置

▲述語は圧倒的には目的語の前に置くのだが、文型や表現によっては目的語の後に来る場合もある。

49）我 学 汉语，他 学 法语。（私は中国語を習い、彼はフランス語を習う。）

50）我 汉字 写不好。（私は、漢字が上手に書けない。）

51）他 英语 说得不错。（彼は、英語がうまい。）

52）请你 把门 关上。（ドアを閉めてください。）

6. 第1部の例文のピンインを読みながら、文の意味を理解しよう。

1）Wǒ chī mǐfàn. Tā chī miàntiáo.

2）Wǒ kàn diànshì. Tā tīng yīnyuè.

3）Wǒ shì Zhōngguórén. Tā shì Rìběnrén.

4）Wǒ shì Běijīng rén. Tā shì Shànghǎi rén.

5）Xiǎo Wáng zài túshūguǎn, Xiǎo Lǐ zài jiàoshì.

6）Cídiǎn zài shūbāo li, Bàozhǐ zài zhuōzi shang.

7）Huìyìshì li yǒu lǎoshī. Jiàoshì li yǒu xuésheng.

8）Zhuōzi shang yǒu cídiǎn. Shūbāo li yǒu běnzi.

9）Nǐ xiǎng chī shénme?

10）Nàli hěn wēixiǎn, nǐ gǎn qù ma?

11）Nǐmen yīnggāi hǎohao xuéxí.

12）Dōngtiān lěng, xiàtiān rè.

13）Rìběn de wùjià guì, Zhōngguó de wùjià piányi.

14）Qùnián xiàtiān hěn rè.

15）Nǐ cháng chang zhège cài ba.

16）Tā xiànzài hěn máng, nǐ qù bāng bang tā ba.

17）Wǒmen dǎsuan qù Xiānggǎng zǒu yi zǒu, kàn yi kàn.

18）Wǒ xiǎng le xiǎng, háishi juédìng mǎi.

19) Tā shì bu shì xuésheng?

20) Nǐ qù bu qù xuéxiào?

21) Nǐ zuìjìn máng bu máng?

22) Jīntiān xīngqīsān, míngtiān xīngqīsì.

23) Gēge dàxué yī niánjí, mèimei zhōngxué 'èr niánjí.

24) Jīntiān wǒ bú qù túshūguǎn, tā yě bú qù.

25) Shàngwǔ wǒ bú kàn diànshì, yě bù tīng yīnyuè.

26) Wǒ bú shì xuésheng, tā yě bú shì xuésheng.

27) Tā yuánlái bú shì lǎoshī.

28) Zuótiān bú shì 'èr shi sān hào.

29) Dōngtiān bù lěng, xiàtiān bú rè.

30) Zuótiān yìdiǎnr yě bù lěng.

31) Xiǎo Lǐ bú(méi) zài jiā, zài xuéxiào.

32) Cídiǎn bú(méi) zài zhuōzi shang, zài shūbāo li.

33) Jiàoshì li méiyǒu xuésheng.

34) Xiǎo Wáng méiyǒu gēge.

35) Jiějie hái méiyǒu jié hūn. ⇔ Jiějie bù jié hūn.

36) Tā méi chī zǎofàn. ⇔ Tā bù chī zǎofàn.

37) Tā chàng le shénme gē? Tā chàng le Zhōngguó gē.

38) Nǐ chī fàn le ma? Wǒ chī fàn le.

39) Zuótiān wǒ méi qù xuéxiào.

40) Zuówǎn wǒ méi kàn diànshì.

41) Nǐ qù guo Zhōngguó ma?

42) Nǐ dú guo Zhōngguó de xiǎoshuō ma?

43) Wǒ qù guo Běijīng, dàn hái méi qù guo Shànghǎi.

44) Wǒ xué guo Yīngyǔ hé Hànyǔ, dàn méi xué guo Déyǔ.

45) Tā zài gàn shénme? Tā zài kàn diànshì.

46) Wáng lǎoshī bú zài zhèli, tā zhèngzài kāi huì ne.

47) Wàimian xià zhe yǔ ne.

48) Mén kāi zhe, chuānghu yě kāi zhe.

49) Wǒ xué Hànyǔ, tā xué Fǎyǔ.

50) Wǒ Hànzì xiě bù hǎo.

51) Tā Yīngyǔ shuō de búcuò.

52) Qǐng nǐ bǎ mén guānshang.

第 2 部　キャパシティーアップトレーニング

(1) 次の文の述語を指摘しなさい。

1. 我来中国的目的是为了学习汉语，了解中国。
2. 那时，他只是一个普普通通的上班族。
3. 家里没有一个人。
4. 去年夏天很热。
5. 展览会我去看过，办得不太好。
6. 他好像又没来上课。
7. 我去看他的时候，他正在吃饭。
8. 他穿着一件红色的毛衣。
9. 你看见他了吗？
10. 周末去看了看户型，照了几张照片。

(2) 次の連語を並べ替えなさい。

1. 读，你，了，报纸，吗，今天的，
    （今日の新聞を読みましたか。）
2. 买，杂志，你，了，几本，
    （雑誌、何冊買いましたか。）
3. 我，书，买，没，也，一本，
    （私は本を1冊も買わなかったです。）
4. 车站，有，后面，书店，
    （駅のうしろには本屋があります。）
5. 小李，教室，在，不，
    （李さんは教室にいません。）

(3) 次の文の間違いや不適切な箇所を直しなさい。

1. 我家有超市的东边。
2. 小王在两个妹妹。
3. 去年夏天上海很热了。

4．星期天我没看了电影。

5．昨天不是了十二月六号。

6．我在想了这个问题呢。

7．他也不学过法语。

8．昨晚我们不看电视。

9．请说着说当时的情况。

10．你应该不去那儿。

(4) 次の文を中国語に訳しなさい。

1．日曜日は学校へ行きません。

2．私はピアノを習ったことがありません。

3．連休はどこへ行きましたか。

4．私が行ったとき、彼らは昼食をとっているところでした。

5．佐々木さんはいま図書館で新聞を読んでいます。

6．赤いスカートを穿いているのは李さんです。

7．李さんの家には猫が2匹います。

8．机の上には1冊の本があります。

9．駅はスーパーの東側にあります。

10．トイレはどこにありますか。

11．この前の店は高かったですね。

12．昨日は本当に楽しかったです。

13．私の誕生日は先月の18日でした。

14．今年でお幾つですか。

15．明日は日曜日です。

(5) 文の述語を注意しながら、次の会話文を朗読しなさい。

A：请问，你是留学生吗？　　　　Qǐngwèn, nǐ shì liúxuéshēng ma?

B：对，我是留学生。　　　　　　Duì, wǒ shì liúxuéshēng.

A：你从什么地方来？　　　　　　Nǐ cóng shénme dìfang lái?

B：我从日本来。　　　　　　　　Wǒ cóng Rìběn lái.

A：你在哪个大学留学？　　　　　Nǐ zài nǎ ge dàxué liúxué?

B：我在北京大学留学。	Wǒ zài Běijīngdàxué liúxué.
A：你学什么专业？	Nǐ xué shénme zhuānyè?
B：我学中国经济。	Wǒ xué Zhōngguó jīngjì.
A：你们学院有多少学生？	Nǐmen xuéyuàn yǒu duōshao xuésheng?
B：大约有三千左右吧。	Dàyuē yǒu sānqiān zuǒyòu ba.
A：你现在去哪儿？	Nǐ xiànzài qù nǎr?
B：我去图书城买书。	Wǒ qù túshūchéng mǎi shū.
A：我正好也去，我们一起走吧。	Wǒ zhènghǎo yě qù, wǒmen yìqǐ zǒu ba.

(6) 次の日本語を中国語に訳しなさい。

　　昨日は3月15日で金曜日でした。朝、7時に起き、7時半に朝ごはんを食べて、7時45分に自転車で学校へ行きました。午前は中国語の授業で、会話の授業は李先生で、文法の授業は王先生でした。

　　午後は授業がなく、昼食後、劉君と一緒に北京の繁華街王府井へ買い物に行きました。劉君は靴を買い、私はかばんを買いました。その後、映画を見ました。中国は2回ほど来たことがありますが、映画館で映画を見た経験がなく、今回は初めてです。映画はとてもよかったです。8時半ごろに家に帰りました。

(7) 読んで笑おう。

　　有一天，一个富豪要买车，却在为车行没有吉祥的车牌号而犹豫不决。车行老板走过来笑着说："这个车牌不错，00544（动动我试试），保证没人敢惹，不错吧！"

　　富豪心动了，立即购买了此车。可第二天就出了车祸，富豪生气地走下车，心想这车你也敢撞。可下车一看，立即灰溜溜地走了，原来对方的车牌是44944（试试就试试）。

（摘自笑话幽默网）

Yǒu yì tiān, yíge fùháo yào mǎi chē, què zài wèi chēháng méiyǒu jíxiáng de chēpáihào 'ér yóuyùbùjué. Chēháng lǎobǎn zǒu guòlai xiào zhe shuō: "Zhè ge chēpái búcuò, líng líng wǔ sì sì (dòng dong wǒ shì shi), bǎozhèng méi rén gǎn rě, búcuò ba!"

Fùháo xīn dòng le, lì jì gòumǎi le cǐ chē. Kě dì 'èr tiān jiù chū le chēhuò, fùháo shēngqì de zǒu xià chē, xīn xiǎng zhè chē nǐ yě gǎn zhuàng. Kě xià chē yí kàn, lì jì huīliūliū de zǒu le, yuánlái duì fāng de chēpái shì sì sì jiǔ sì sì (shì shi jiù shì shi).

第二課　主語と賓語（主語と目的語）

第 1 部　キーポイントのチェック

1. 主語と目的語の定義

　主語とは述語の叙述の対象である。中国語では、主語は動作の仕手である場合もあれば、動作の受け手である場合もあり、またそのどちらでもない場合もある。必ずしも動作、行為の主体であるとは限らない。名詞、代名詞、数量詞、動詞、形容詞、主述句は主語にできる。

　目的語とは動詞が関与している対象である。動詞の動作・行為の対象であったり、動作・行為の結果であったり、動作・行為の場所や方向であったり、動作・行為の目的や原因であったりする。名詞、代名詞、数詞、数量、動詞、形容詞、主述句、介詞句は目的語にできる。

2. 主語、目的語の構成

（1）名詞、代名詞が主語と目的語になる。

　　1）**中国**是一个我向往已久的**国家**。（中国は私が以前から憧れていた国だ。）

　　2）这一次**我**没见**他**。（今回、私は彼に会わなかった。）

（2）数量詞が主語と目的語になる。

　　3）这两件衣服，**一件**是小陈的，**一件**是小赵的。（この2枚の服は、1枚は陳さんのもので、1枚は趙さんのものだ。）

　　4）我买了**三斤**。（私は3斤買った。）

（3）動詞、形容詞が主語と目的語になる。

　　5）**早**好，**晚**不好。（早いほうがいい、遅いのはよくない。）

　　6）**去**好，**不去**也好。（行くのもいいし、行かないのもよい。）

（4）主述句と動賓句のようなフレーズや文も主語、目的語になる。

　　7）**你不参加**是不行的。（君が参加しないとだめだ。）

　　8）**学习汉语**很有意思。（中国語を勉強するのはとても面白い。）

　　9）老师开始**上课**了。（先生は授業を始めた。）

—10—

10) 我们第一次见面是**在北京**。（私たちが初めて会ったのは北京だった。）

11) 我希望**你能考上大学**。（あなたが大学にうかることを祈る。）

3. 主語と述語の関係

(1) 動作・行為の主体である。

12) **他**已经走了。（彼はもう出発した。）

13) **你**吃饭了吗?（お食事は済んだか。）

(2) 動作、行為の受け手である。

14) **电视机**修好了。（テレビは直った。）

15) **信**已经寄出去了。（手紙はすでに出した。）

(3) 時間や場所を表す。

16) **今天下午**有重要会议。（今日の午後は重要な会議がある。）

17) **前面**有一条小河。（前には小さな川がある。）

(4) 叙述の話題や判断の対象である。

18) **一个**多少钱?（1個はいくらか。）

19) **这枝笔**好用不好用?（このペンは使いやすいか。）

4. 動詞と目的語の関係

(1) 動作・行為の対象を表す。

20) 老师批评了**小张**。（先生は張君を叱った。）

21) 今天我没有看**电视新闻**。（今日、私はテレビのニュース番組を見なかった。）

(2) 動作・行為の場所を表す。

22) 你的手套在**桌子上**。（あなたの手袋は机の上にある。）

23) 他们刚才去**健身房**了。（彼らはさきほどジムに行った。）

(3) 動作・行為の道具を表す。

24) 我坐**火车**，他坐**飞机**。（私は汽車に乗り、彼は飛行機に乗る。）

25) 我用**筷子**，他用**叉子**。（私は箸を使い、彼はフォークを使う。）

(4) 動作・行為の仕手を表す。

26) 下**雨**了。（雨が降り出した。）

27) 来**客人**了。（お客さんが来た。）

5. 主語、目的語の省略

(1) 主語は省略しない場合が多い。

▲中国語では主語が第一人称であっても省略しない場合が多い。ただし、誤解がない場合には省略できる。

28) **我**没有预习，也没有复习。（私は予習しなかったし、復習もしなかった。）

29) **我**去过北京，吃过北京烤鸭。（私は北京へ行ったことがあり、北京ダックを食べたことがある。）

(2) 主語、目的語の省略

▲主語、目的語は言わなくても分かる場合には省略できる。また修飾語があって推測できる場合も省略できる。

30) A：你吃过**点心**了吗？（おやつは食べたか。）
　　B：（我）吃过（点心）了。（食べた。）
　　A：（你）喝**茶**了吗？（お茶は飲んだか。）
　　B：（我）喝（茶）了。（飲んだ。）

31) 站在那儿的（人）是谁？（あそこに立っているのは誰なの。）

32) 这次考试的内容没有没学过的（内容）。（今度の試験の内容は習わなかったものはない。）

6. 主語、目的語の位置

(1) 主語と目的語の位置

▲主語は述語の前にあるが、必ずしも文の最初に来るとは限らない。目的語は述語の後にあるが、必ずしも述語のすぐ後に来るとは限らない。主語、目的語の前に修飾の成分が置かれる場合がよくあるからである。

33) <u>我买的</u>裙子都是黑色的。（私が買ったスカートはすべて黒だ。）

34) 我看过<u>罗贯中的</u>『三国演义』。（私は羅貫中の『三国演義』を読んだことがある。）

(2) 前置目的語

▲目的語は主語の後、述語の前に置かれ、強調や対比の意を表すことがある。

35) 我**一分钱**也没有。（僕は一銭も持っていない。）

36) 她**广州**没去过。（彼女は広州には行ったことがない。）

7. 第1部の例文のピンインを読みながら、文の意味を理解しよう。

1) Zhōngguó shì yí ge wǒ xiàngwǎng yǐ jiǔ de guójiā.

2) Zhè yí cì wǒ méi jiàn tā.

3) Zhè liǎng jiàn yīfu, yí jiàn shì xiǎo Chén de, yí jiàn shì xiǎo Zhào de.

4) Wǒ mǎi le sān jīn.

5) Zǎo hǎo, wǎn bù hǎo.

6) Qù hǎo, bú qù yě hǎo.

7) Nǐ bù cānjiā shì bùxíng de.

8) Xuéxí Hànyǔ hěn yǒuyìsi.

9) Lǎoshī kāishǐ shàng kè le.

10) Wǒmen dì yī cì jiàn miàn shì zài Běijīng.

11) Wǒ xīwàng nǐ néng kǎo shàng dàxué.

12) Tā yǐjīng zǒu le.

13) Nǐ chī fàn le ma?

14) Diànshìjī xiū hǎo le.

15) Xìn yǐjīng jì chūqù le.

16) Jīntiān xiàwǔ yǒu zhòngyào huìyì.

17) Qiánmian yǒu yì tiáo xiǎo hé.

18) Yí ge duōshao qián?

19) Zhè zhī bǐ hǎo yòng bu hǎo yòng?

20) Lǎoshī pīpíng le xiǎo Zhāng.

21) Jīntiān wǒ méiyǒu kàn diànshì xīnwén.

22) Nǐ de shǒutào zài zhuōzi shang.

23) Tāmen gāngcái qù jiànshēnfáng le.

24) Wǒ zuò huǒchē, tā zuò fēijī.

25) Wǒ yòng kuàizi, tā yòng chāzi.

26) Xià yǔ le.

27) Lái kèren le.

28) Wǒ méiyǒu yùxí, yě méiyǒu fùxí.

29) Wǒ qù guo Běijīng, chī guo Běijīng kǎoyā.

30) A：Nǐ chī guo diǎnxīn le ma?

—13—

B：（Wǒ）Chī guo（diǎnxīn）le.

A：（Nǐ）Hē chá le ma?

B：（Wǒ）Hē（chá）le.

31) Zhàn zài nàr de (rén) shì shuí?

32) Zhè cì kǎoshì de nèiróng méiyǒu méi xué guo de (nèiróng).

33) Wǒ mǎi de qúnzi dōu shì hēisè de.

34) Wǒ kàn guo Luó Guànzhōng de 『Sānguó yǎnyì』.

35) Wǒ yì fēn qián yě méiyǒu.

36) Tā Guǎngzhōu méi qù guo.

第 2 部 キャパシティーアップトレーニング

(1) 次の文の主語、目的語を指摘しなさい。
   1. 我的同学小王是从中国来的留学生。
   2. 会说英语在找工作时能带给你优势。
   3. 老师的藏书一共有三千册。
   4. 美丽大家都爱，丑恶人人憎恨。
   5. 一次没关系，多次就不好了。
   6. 我喜欢和很多人一起去旅游。
   7. 迪斯尼乐园我一次也没有去过。
   8. 桌子上面有一张。
   9. 去年是风调雨顺的一年。
   10. 去中国留学是我毕业以后的打算。

(2) 次の連語を並べ替えなさい。
   1. 做，我，饭，爱好，
      （私は料理を作るのが好きです。）
   2. 学生，的，是，工作，学习，
      （勉強は学生の仕事です。）
   3. 请，我，来，给，一个，
      （私に１つください。）
   4. 生活，我，能，在，温暖，的，希望，地方，
      （温かい所で生活することを望んでいます。）
   5. 昨天，我，洗，忘，了，衣服，
      （昨日、洗濯するのを忘れました。）

(3) 次の文の間違いや不適切な箇所を直しなさい。
   1. 什么地方你去了？
   2. 星期一上午会议有。
   3. 学校里资料在。

4. 很多人有商店里。

5. 去中国旅游我打算。

6. 我做作业不喜欢。

7. 带书忘了你吗?

8. 我吃了妈妈做。

9. 我山田姓,叫山田爱子。

10. 请大家讨论继续。

(4) 次の文を中国語に訳しなさい。

1. 6時に学校へ行くつもりです。

2. 明日は食堂でご飯を食べます。

3. 遅刻した学生は誰ですか?

4. お母さんが作った料理はおいしいです。

5. リンゴは食べるが、みかんは食べません。

6. 夏休みはどこにも行かなかったです。

7. 大人もマンガを読むのがすきです。

8. 宿題をするのを忘れてはいけません。

9. 一番前に座っているのは王さんです。

10. 子どもは動物園が好きです。

11. 彼はピアノを学んでいます。

12. 行っても行かなくてもよいです。

13. 銀行は駅の向かい側にあります。

14. 真面目さは聡明さよりも重要です。

15. 参加しなくても大丈夫です。

 (5) 主語、目的語を注意しながら、次の会話文を朗読しなさい。

A：你有什么爱好?

B：我喜欢打网球。你呢?

A：我对英语感兴趣,所以我参加了英语俱乐部。

B：那你英语一定说得很好吧。

A：哪里哪里,还差得远呢。不过,我可以看懂美国动画片。

B：真的吗？我的英语水平不行。马上就要考试了，我正在发愁呢。

A：是吗？如果你需要我的帮助，请不要客气。

B：那太好了！什么时候我们一起学习吧。

A：行啊，明天怎么样？

B：一言为定。

A：Nǐ yǒu shénme 'àihào?

B：Wǒ xǐhuan dǎ wǎngqiú. Nǐ ne?

A：Wǒ duì Yīngyǔ gǎn xìngqù, suǒyǐ wǒ cān jiā le Yīngyǔ jùlèbù.

B：Nà nǐ Yīngyǔ yídìng shuō de hěn hǎo ba.

A：Nǎli nǎli, hái chà de yuǎn ne. Búguò wǒ kěyǐ kàn dǒng Měiguó dònghuàpiàn.

B：Zhēnde ma? Wǒ de Yīngyǔ shuǐpíng bùxíng. Mǎshàng jiùyào kǎoshì le, wǒ zhèngzài fā chóu ne.

A：Shì ma? Rúguǒ nǐ xūyào wǒ de bāngzhù, qǐng búyào kèqi.

B：Nà tài hǎo le. Shénme shíhou wǒmen yìqǐ xuéxí ba.

A：Xíng 'a! míngtiān zěnmeyàng?

B：Yìyánwéidìng.

(6) 次の日本語を中国語に訳しなさい。

　私の家は駅の近くにあります。家から駅まで歩いて5分もかかりません。駅前にはスーパーや百貨店もあって、とても便利です。百貨店の上には映画館があります。私の趣味は映画を見ることなので、時間がある時よく見に行きます。

　映画をみることによって、いろんな勉強ができます。またアメリカの映画を見る時、英語のヒアリングの練習にもなります。家の近くに映画館があるのはとても幸運なことだと思います。

(7) 読んで笑おう。

　有一次，一只大老鼠和一只小老鼠在洞外散步。突然，一只猫堵住洞口，张牙舞爪扑来。老鼠拼命跑，猫就使劲追。就在山穷水尽时，小老鼠回过头，冲着猫大叫一声："汪汪。"猫竟然被吓跑了。大老鼠夸道："行啊，还会一手，厉害！"小老鼠一抹汗，感叹说："看来掌握一门外语非常重要啊！"

（摘自笑话幽默网）

— 17 —

Yǒu yí cì, yì zhī dà lǎoshǔ hé yì zhī xiǎo lǎoshǔ zài dòng wài sànbù. Tūrán, yì zhī māo dǔ zhù dòng kǒu, zhāng yá wǔ zhǎo pū lái. Lǎoshǔ pīnmìng pǎo, māo jiù shǐ jìn zhuī. Jiù zài shānqióngshuǐjìn shí, xiǎo lǎoshǔ huí guo tóu, chòng zhe māo dà jiào yì shēng: "Wāng wāng." Māo jìngrán bèi xià pǎo le. Dà lǎoshǔ kuā dào: "Xíng 'a, hái huì yì shǒu, lìhai!" Xiǎo lǎoshǔ yì mǒ hàn, gǎntàn shuō: "Kànlái zhǎngwò yì mén wàiyǔ fēicháng zhòngyào 'ā!"

第三课　定　　　　語（連体修飾語）

第 1 部　キーポイントのチェック

1. 定語の定義

　定語とは、中心語を修飾する修飾語である。名詞、動詞、数量詞、指示代名詞、前置詞フレーズ、形容詞、主述文、動賓文が定語になることができる。その働きを大きく分ければ、限定的なもの（どれであるかを明示）と描写的なもの（どのようであるかを明示）の二種類に分けられる。定語は、多くの場合は構造助詞「的」を用いて、「定語＋的＋中心語」の形になる。「的」を省略する場合もある。

2. 定語の構成
（1）名詞、代名詞の場合
　　1）这是**学校**的书。（これは学校の本だ。）
　　2）**我**的汉语老师是中国人。（私の中国語の先生は中国人だ。）
▲主語や目的語が人の呼称や団体、機構の名称及び方位名詞である場合には、定語と、主語・目的語との間の「的」はよく省略される。
　　3）我**爷爷**五年前去世了。（私のおじいさんは5年前になくなった。）
　　4）他们**班**今年得了第一名。（彼らのクラスは、今年は優勝した。）
　　5）这是我们的**协作单位**。（こちらは私たちの協力会社だ。）
　　6）我家在**车站**前面。（私の家は駅の前にある。）
▲定語になる名詞は描写的な働き（国籍、原材料、専門、職業など）を持つ場合には、「的」はつけない。
　　7）这是**木**桌子。（これは木材のテーブルだ。）
　　8）我有**中国**朋友。（私には中国人の友達がいる。）
　　9）你喜欢**汉语**老师吗？（中国語の先生は好きか。）

(2) 動詞、動詞フレーズの場合

▲動詞、動詞フレーズが定語になる場合、「的」をつけなければならない。

    10) **用的**教科书没有意思。(使っている教科書はあまり面白くない。)

    11) **学英语的**学生都很认真。(英語を学んでいる学生は皆まじめだ。)

(3) 数量詞、指示代名詞の場合

▲指示代名詞「这、那、哪」で、「この〜、その〜、あの〜、どの〜」の意味を表す時には、「指示代名詞＋名詞の量詞＋名詞」の語順となる。

    12) **这家**饭店很有名。(このレストランは有名だ。)

    13) 今晚去**哪家**电影院？(今晩、どの映画館に行くか。)

    14) **那个**学生星期一没有来学校。(あの学生は月曜日学校に来なかった。)

▲数量詞が名詞の数量を限定する場合には、「数＋量詞＋名詞」でつなぎ、名詞の前に「的」はつけない。数量詞が描写的な働きを持つ場合には、「的」をつける。

    15) 我两、三天前买了**两个**书包。(2、3日前にかばんを2つ買った。)

    16) 我今天有**三节**课。(今日は授業3コマある。)

    17) **一本一本的**书整齐地排列在书架上。(本が1冊1冊と本棚に綺麗に並べてある。)

(4) 介詞フレーズの場合

▲「的」が必要である。

    18) **在日本的**日子很难忘。(日本で過ごした日々は忘れられない。)

    19) **对汉语的**兴趣越来越强。(中国語に対する興味はますます強くなる。)

(5) 形容詞の場合

▲形容詞が名詞を修飾し、定語になる時、一音節なら、名詞の前に「的」をつけない。二音節の場合には「的」が必要。形容詞の重ね方や形容詞フレーズが定語になる場合には、「的」が必要である。「很多」は例外で、「的」は不要。

    20) 今年流行**红**裙子。(今年は赤いスカートが流行している。)

    21) **好**人很多。(いい人が多い。)

    22) 他们来到一个**漂亮的**花园。(彼らは綺麗な庭に来た。)

    23) **大大的**眼睛，**圆圆的**脸。(大きな目、丸い顔。)

    24) **太小的**衣服就穿不上了。(小さすぎる服はもう着られない。)

    25) 我们大学有**很多**外国留学生。(私たちの大学には多くの留学生がいる。)

(6) 主述文の場合

▲「的」が必要である。

26) **我喜欢的**菜是麻婆豆腐。（僕が好きなおかずは麻婆豆腐だ。）

27) **他上的**大学是有名的大学。（彼が行っている大学は有名な大学だ。）

3. 定語の位置

(1) 修飾する名詞の前に置く

28) 他是**我中学一年级时的**同学。（彼は私の中学校1年時のクラスメートだ。）

29) **蓝**天，**白**云，真美啊！（青い空、白い雲、本当に綺麗だ。）

(2) 定語はいくつもある場合の順序及び「的」の位置

▲名詞が数個あり、「的」が修飾される名詞の直前に置く。

30) 他出生在**中国北部边区的**城市。（彼は中国北部の国境近くの都市に生まれた。）

31) **我家花园里的桃树**开花了。（わが家の庭の桃の木は花が咲いている。）

▲数量詞が含まれる場合には、数量詞は先に置く。「的」は修飾される名詞の直前に置く。ただし、一文字の形容詞がある場合には、その形容詞が「的」の後に置く。

32) 日本是**一个经济高度发达的**国家。（日本は経済が高度に成長した国だ。）

33) 我想要**一间干净、便宜的小**房间。（綺麗で安くて小さな部屋がほしい。）

34) 我家有**一条可爱的小**狗。（わが家には可愛い子犬がいる。）

35) 青春少年组是**四个英俊大男孩的**组合。（青春少年組みは4人の格好いい男の子のグループだ。）

▲指示代名詞が含まれる場合。

36) **那个你想见的**人已经来了。（君の会いたいあの人がもう来たよ。）

37) **你想见的那个**人已经来了。（君の会いたいあの人がもう来たよ。）

4. 修飾される名詞を省略する場合

▲文の内容や修飾語の内容によって推測できる場合には、修飾される名詞は省略できる。

38) **站着的**都走开了。（立っていた人はみんな行ってしまった。）

39) 他买的都是**最便宜的**衣服。（彼が買ったのは安い服ばかりだ。）

40) **我的**都是**别人送的**，没有**自己买的**。（私が持っているのはみんな贈り物で、自分で買ったものはない。）

5. 第1部の例文のピンインを読みながら、文の意味を理解しよう。

1) Zhè shì xuéxiào de shū.

2) Wǒ de Hànyǔ lǎoshī shì Zhōngguórén.

3) Wǒ yéye wǔ nián qián qùshì le.

4) Tāmen bān jīnnián dé le dì yī míng.

5) Zhè shì wǒmen de xiézuò dānwèi.

6) Wǒ jiā zài chēzhàn qiánmian.

7) Zhè shì mù zhuōzi.

8) Wǒ yǒu Zhōngguó péngyou.

9) Nǐ xǐhuan Hànyǔ lǎoshī ma?

10) Yòng de jiàokēshū méi yǒuyìsi.

11) Xué Yīngyǔ de xuésheng dōu hěn rènzhēn.

12) Zhè jiā fàndiàn hěn yǒumíng.

13) Jīnwǎn qù nǎjiā diànyǐngyuàn?

14) Nà ge xuésheng xīngqī yī méiyǒu lái xuéxiào.

15) Wǒ liǎng、sān tiān qián mǎi le liǎng ge shūbāo.

16) Wǒ jīntiān yǒu sān jié kè.

17) Yì běn yì běn de shū zhěngqí de páiliè zài shūjià shang.

18) Zài Rìběn de rìzi hěn nánwàng.

19) Duì Hànyǔ de xìngqù yuèláiyuè qiáng.

20) Jīnnián liúxíng hóng qúnzi.

21) Hǎo rén hěn duō.

22) Tāmen lái dào yí ge piàoliang de huāyuán.

23) Dà dà de yǎnjing, yuán yuán de liǎn.

24) Tài xiǎo de yīfu jiù chuān bú shàng le.

25) Wǒmen dàxué yǒu hěn duō wàiguó liúxuéshēng.

26) Wǒ xǐhuan de cài shì mápó dòufu.

27) Tā shàng de shì yǒumíng de dàxué.

28) Tā shì wǒ zhōngxué yī niánjí shí de tóngxué.

29) Lántiān, báiyún, zhēn měi 'ā!

30) Tā chūshēng zài Zhōngguó běibù biānqū de chéngshì.

31) Wǒ huāyuán li de táoshù kāi huā le.

32) Rìběn shì yí ge jīngjì gāodù fādá de guójiā.

33) Wǒ xiǎng yào yìjiān gānjìng、piányi de xiǎo fángjiān.

34) Mèimei yǒu yì tiáo kě'ài de xiǎo gǒu.

35) Qīngchūn shàonián zǔ shì sì ge yīngjùn de dà nánhái de zǔhé.

36) Nà ge nǐ xiǎng jiàn de rén yǐjīng lái le.

37) Nǐ xiǎng jiàn de nà ge rén yǐjīng lái le.

38) Zhàn zhe de dōu zǒu kāi le.

39) Tā mǎi de dōu shì zuì piányi de yīfu.

40) Wǒ de dōu shì biéren sòng de, méiyǒu zìjǐ mǎi de.

第 2 部　キャパシティーアップトレーニング

(1) 次の文の定語を指摘しなさい。

1. 他的书包是名牌货。
2. 我昨天晚上看了一场美国电影。
3. 这只猫是妹妹从外面抱回来的。
4. 关于他的最后处分是开除。
5. 我没听懂你说的话，请再说一遍。
6. 小王是一个年轻漂亮的中国女孩。
7. 他失去了一个升职的好机会。
8. 她穿着一件长外衣。
9. 你看过他演的电影吗？
10. 我决定买一套公寓。

(2) 次の連語を並べ替えなさい。

1. 我，那，想，太，的，台，电脑，买，贵，了，
   （買いたいパソコンは高すぎます。）
2. 书店，我，今天，在，一共，本，买，了，三，书，
   （今日本屋で3冊の本を買いました。）
3. 女孩，比较，有，漂亮，的，人气，
   （奇麗な女の子は人気があります。）
4. 学费，很，私立学校，日本，有，贵，的，很多，
   （日本には学費が高い私立学校がたくさんあります。）
5. 山，日本，的，最，高，是，富士山，
   （日本の最も高い山は富士山です。）

(3) 次の文の間違いや不適切な箇所を直しなさい。

1. 鲁迅是有名的一个作家。
2. 我有很多中国人的朋友。
3. 今天迟到同学很多。

4. 他每年去两次的中国。

5. 你喜欢哪手机？

6. 我想了一下她问题。

7. 我越来越会做中国的菜了。

8. 大的房子很贵。

9. 老师家有很多的书。

10. 东京是日本的政治的经济的文化的中心。

(4) 次の文を中国語に訳しなさい。

1. 父親は大学の先生です。

2. 私たちの学校は京都の北部にあります。

3. 猫を飼う人は自由が好きな人だと言われています。

4. 読み終わった本はすべてこちらの本棚に置いてあります。

5. 私たちの先生は中国から来たのです。

6. 教室にはイス15脚あります。

7. この建物の中に小さな教室がたくさんあります。

8. この商品の使い方を紹介いたします。

9. この厚い本が1万円かかります。

10. 寒い冬には雪がよく降ります。

11. 彼が話している英語は分かりにくいです。

12. 昨日はとても愉快な1日でした。

13. 彼は最新な情報を知っています。

14. 昨日買った胡瓜は安かったです。

15. 家の近くのお店に行きました。

(5) 文中にある名詞の修飾語に注意しながら、次の会話文を朗読しなさい。

A：你打算去哪儿旅游？

B：我想去一个离日本近的国家或地区。

A：韩国怎么样？它是离日本最近的国家。

B：韩国近是近，不过韩国的冬天比较冷。

A：那么，台湾怎么样？台湾的冬天不冷。

—25—

B：可是，台湾的物价比较高。

A：离日本近冬天不冷物价又便宜的国家只有中国了。

B：好吧，那就去中国吧。

A：Nǐ dǎsuan qù nǎr lǚyóu?

B：Wǒ xiǎng qù yí ge lí Rìběn jìn de guójiā huò dìqū.

A：Hánguó zěnmeyàng? Tā shì lí Rìběn zuìjìn de guójiā.

B：Hánguó jìn shì jìn, búguò hánguó de dōngtiān bǐjiào lěng.

A：Nàme, Táiwān zěnmeyàng? Táiwān de dōngtiān bù lěng.

B：Kěshì, Táiwān de wùjià bǐjiào gāo.

A：lí Rìběn jìn dōngtiān bù lěng wùjià yòu piányi de guójiā zhǐyǒu Zhōngguó le.

B：Hǎo ba, nà jiù qù Zhōngguó ba.

(6) 次の日本語を中国語に訳しなさい。

　ここは私たちの大学です。前のあの赤い建物は経済学部です。1階は学部の事務室で、2階以上は教室となっています。大きな教室、小さな教室、合わせて50ぐらいあります。3000人あまりの学生がここで勉強しています。大きな学部です。

　経済学部にはたくさんの専門科目があります。先生もたくさんいます。外国語科目もたくさんあります。中国経済はとても重要な科目で、私の最も好きな科目です。最近、中国経済の発展が著しいです。

(7) 読んで笑おう。

亲爱的悟空：

　我这封信写得很慢，因为知道你看字不快。我们已经搬家了，不过地址没改，因为搬家的时候把门牌带来了。这礼拜下了两次雨，第一次下了3天，第二次下了4天。昨天我们去买比撒，店员问我要切成8片还是12片，我说8片就行了，12片吃不完。最后告诉你本来想给你寄钱，可是信封已经封上了。

2009.1.1　　唐　　僧
（摘自笑话幽默网）

Qīn'ài de Wùkōng:

　　Wǒ zhè fēng xìn xiě de hěn màn, yīnwèi zhīdao nǐ kàn zì bú kuài. Wǒmen yǐjīng bān jiā le, búguò dìzhǐ méi gǎi, yīnwéi bān jiā de shíhou bǎ ménpái dài lái le. Zhè lǐbài xià le liǎng cì yǔ, dìyīcì xià le sān tiān, dì'èrcì xià le sì tiān. Zuótiān wǒmen qù mǎi bǐsā, diànyuán wèn wǒ yào qiē chéng bā piàn háishì shí'èr piàn, wǒ shuō bā piàn jiù xíng le, shí'èr piàn chī bu wán. Zuìhòu gàosu nǐ běnlái xiǎng gěi nǐ jì qián, Kěshì xìnfēng yǐjīng fēng shang le.

Táng sēng

第四课　実力テスト（一）

1. 最も適当なことばを選んで、文の空欄を埋めなさい。
(1) 桌子上(　)书。
    (a) 在   (b) 看   (c) 有   (d) 好
(2) 他们(　)教室里。
    (a) 有   (b) 在   (c) 学   (d) 是
(3) 我(　)一个人去中国。
    (a) 敢   (b) 在   (c) 做   (d) 着
(4) 我去(　)一次非洲。
    (a) 过   (b) 在   (c) 着   (d) 想
(5) 他穿(　)一件T恤衫。
    (a) 是   (b) 着   (c) 在   (d) 有
(6) 我(　)有兄弟姐妹。
    (a) 过   (b) 不   (c) 没   (d) 多
(7) 哪(　)书是他写的？
    (a) 个   (b) 本   (c) 件   (d) 张
(8) 校花是指学校最漂亮(　)女孩子。
    (a) 得   (b) 的   (c) 是   (d) 地
(9) 幼儿园旁边的那个公园很(　)。
    (a) 大   (b) 玩   (c) 有   (d) 在
(10) 这(　)画是我弟弟画的。
    (a) 个   (b) 张   (c) 枚   (d) 台

—28—

2. 次の文の中国語の語句を並べ替えなさい。
(1) 我家，的，里，有，一，院子，株，玫瑰，
    （わが家の庭にバラがあります。）
(2) 我，没，过，演，看，的，她，电影，
    （彼女が主演した映画を見たことがありません。）
(3) 那，大衣，很，件，漂亮，
    （あのコートは綺麗です。）
(4) 三，教室，有，里，个，书架，
    （教室に本棚3つあります。）
(5) 我，学科，喜欢，是，的，英语，
    （好きな学科は英語です。）
(6) 尼泊尔，国家，个，是，一，亚洲，
    （ネパールはアジアの国です。）
(7) 多，好，还是，人，很，
    （やはりやさしい人が多いです。）
(8) 多，多，说，学，听，外语，的，好，是，办法，
    （たくさん聞いてたくさん話すことは外国語を勉強するいい方法です。）
(9) 你，想，的，那，了，本，参考书，买，没有，
    （買いたかった参考書がなくなりました。）
(10) 是，我，愿望，去，的，中国，
    （私の願いは中国に行くことです。）

3. 次の日本語を中国語に訳しなさい。
(1) 明日は日曜日ではありません。
(2) 私が買ったのは全部中国産です。
(3) 論文を書くのは難しいです。
(4) この教室にいる人はみんな部活のメンバーです。
(5) 最も重要なのは外国語を勉強することです。

4. 次の中国語を日本語に訳しなさい。
(1) 今年最受欢迎的歌手是周杰伦。

(2) 锻炼身体可以保持健康。

(3) 从北京来的人不太喜欢从上海来的人。

(4) 考上有名大学的都是勤奋的学生。

(5) 我没看过中国的传统戏剧。

5. 次の文章を読み、問いに答えなさい。

　辜鸿铭是十九世纪一、二十年代在中国和欧洲各国非常有名的人物 ①。1865 年，他八岁去英国读书，取得英国文学硕士时才 21 岁 ②。然后又去德国、法国、意大利、奥地利学习，获得文学、哲学、理学、工学、神学等博士学位，一共 ③ 十三个。他精通英文、法文、德文、意大利文、日文、俄文、希腊文以及拉丁文。他对西方文化的研究很深，经常批判西方文化。他最推崇的是中国文化 ④。他把『论语』『中庸』翻译介绍到西方，在欧洲有很大的影响。

　Gū Hóngmíng shì shíjiǔ shìjì yī, èrshí niándài zài Zhōngguó hé Ōuzhōu gèguó fēicháng yǒumíng de rénwù. Yībāliùwǔ nián, tā bā suì qù Yīngguó dú shū, qǔdé Yīngguó wénxué shuòshì shí cái 'èrshiyī suì. Ránhòu yòu qù Déguó, Fǎguó, Yìdàlì, Àodìlì xuéxí, huòdé wénxué, zhéxué, lǐxué, gōngxué, shénxué děng bóshì xuéwèi, yígòng yǒu shí sān ge. Tā jīngtōng Yīngwén, Fǎwén, Déwén, Yìdàlì wén, Rìwén, Éwén, Xīlà wén yǐjí Lādīngwén. Tā duì Xīfāng wénhuà de yánjiū hěn shēn, jīngcháng pīpàn Xīfāng wénhuà. Tā zuì tuīchóng de shì Zhōngguó wénhuà. Tā bǎ 『Lúnyǔ』『zhōngyōng』 fānyì jièshào dào Xīfāng, zài Ōuzhōu yǒu hěn dà de yǐngxiǎng.

(1) 下線部 ① の文を日本語に訳しなさい。

(2) 下線部 ② の文の主語は何ですか。

(3) 空欄 ③ を埋めるのに最も適当なものは、次のどれですか。
　　(a) 在　　　(b) 有　　　(c) 多　　　(d) 学

(4) 下線部 ④ の文を日本語に訳しなさい。

(5) この文章を読んだ感想を中国語で書きなさい。

第五课　状　　　語（一）（連用修飾語　一）

第 1 部　キーポイントのチェック

1. 状語の定義

　　状語は、述語（動詞、形容詞）の修飾語である。状語は動詞、形容詞の前、時には文の最初に置かれ、時間、場所、程度、否定、方式、手段、目的、範囲、対象、数量、語気などの意味を表す。状語は名詞、代名詞、数量詞、副詞、形容詞、能動動詞、介詞フレーズ、動賓フレーズなどから構成される。

2. 状語の構成
 (1) 名詞、代名詞、数量詞、副詞、形容詞、能動動詞の場合
　　1) 我**上午**学汉语，**下午**学英语。（私は、午前中は中国語を、午後は英語を勉強する。）
　　2) 他**怎么**不来呢？（彼はどうして来ないの。）
　　3) 我**2003年9月**去过北京。（僕は2003年9月、北京へ行った。）
　　4) 去年冬天上海**很**冷。（昨年の冬、上海はとても寒かった。）
　　5) 我**常常**见他。（僕はよく彼に会った。）
　　6) 没时间了，**快**吃吧！（もう時間がないので、はやく食べなさい。）
　　7) 我**会**说一点儿汉语。（私はすこし中国語を話せる。）
 (2) 「……地」の場合
　　8) 我又**仔细地**看了一遍。（私は再度丁寧にチェックした。）
　　9) 他更加**刻苦地**学习汉语。（彼はいっそう中国語の勉強に力を入れた。）
　　10) 她**一件一件地**试衣服。（彼女は1枚1枚と試着している。）
　　11) 他们**有目的地**接近她。（彼らは意図的に彼女に近づいた。）
　　12) 我们要**科学地**看这个问题。（私たちは科学的にこの問題を見ていく必要がある。）
 (3) 介詞フレーズ、動賓フレーズの場合
　　13) 你**对什么**有兴趣？（君は何に対して興味があるの。）

14) 你给她打电话了吗？（君は彼女に電話を掛けたか。）

15) 他比我高。（彼は私より背が高い。）

16) 我在语言大学学汉语。（私は語言大学で中国語を習っている。）

17) 我们从星期几开始？（何曜日から始まるの。）

18) 我被老师批评了。（私は先生に叱られた。）

19) 我们用汉语交流。（私たちは中国語で話している。）

20) 我坐飞机去东京。（私は飛行機で東京へ行く。）

3. 常用される介詞の種類
 (1) 時間を表す介詞

21) 我从下星期一开始学汉语。（私は来週の月曜日から中国語を習い始める。）

22) 在寒冷的冬天，你们要多穿衣服。（寒い冬には、厚着をしなければならない。）

23) 当我们回来时，他已经走了。（私たちが帰ってきた時には彼はもう行ってしまった。）

24) 离开学只有一个星期了。（学期の始まりまであと1週間しかない。）

 (2) 場所、方向を表す介詞

25) 你从什么地方出发？（君はどこから出発するの。）

26) 你在哪个大学留学？（君はどの大学で留学しているの。）

27) 你家离车站远吗？（お家は駅から遠いの。）

28) 我们往哪边走？（どこへ行くの。）

29) 汽车向这边开过来了。（車はこちらの方へ走ってきた。）

 (3) 対象を表す介詞

30) 请给我们介绍一下吧。（私たちにちょっと紹介してください。）

31) 你跟谁一起去的？（君は誰と一緒に行ったの。）

32) 他对我们很热情。（彼は私たちに対してとても親切だ。）

33) 关于这个问题，我和他讨论过了。（この問題についてはすでに彼と議論した。）

34) 请向你父母问好。（ご両親によろしくお伝えください。）

35) 你能替我去一下吗？（僕の代わりに行ってくれるか。）

36) 对于这里的情况，我不太熟悉。（ここの状況に関しては、僕はあまり知らない。）

 (4) 原因、目的、比較などを表す介詞

37) 为我们的友谊干杯！（私たちの友情のために乾杯しよう！）

38) 据统计，今年学汉语的学生增加了。（統計によると、今年中国語を習う学生が増え

たそうだ。）

39) 这件事由你定。（この案件は君が決めることとなっている。）

40) 京都比大阪热。（京都は大阪より暑い。）

41) 我被他踩了一脚。（私の足は彼に踏まれた。）

4. 介詞フレーズの位置

▲介詞フレーズは基本的に述語の前に置くが、文全体を修飾する場合は文の最初に置く。

42) 至于人数和时间，我们明天再谈吧。（人数や時間については、明日話し合おう。）

43) 关于长城，有很多传说。（万里の長城に関しては、多くの伝説がある。）

44) 当我去的时候，会议已经结束了。（僕が着いたときには、会議はもう終わっていた。）

5. 「对」と「对于」の違い

▲介詞の「对」も「对于」も対象を表すが、「对于」を使っているところに「对」を入れ替えることは可能である。しかし、「对」を使っているところに「对于」を入れ替えることができない場合が多い。また、人を表す名詞、代名詞などの前は一般的に「对」を使う。

45) 她对孩子管得很严。（对于×）（彼女は子どもに厳しい。）

46) 我们对选手进行评估。（对于×）（私たちは選手に対して評価を行っている。）

47) 他对我很好。（对于×）（彼は私にとても親切だ。）

48) 对于工作，他很内行。（对○）（仕事の面においては、彼はベテランだ。）

49) 对于爱情，他一点不懂。（对○）（恋愛に関しては、彼は素人だ。）

▲「对」と「对于」はよく「对／对于……来说」の文型を構成し、角度や視点の意味を表す。

50) 这件事对我来说，太重要了。（この件は僕にとっては、きわめて重要だ。）

51) 对于双方来说，都希望尽快解决。（双方にとっては、どちらも早く解決することを望んでいる。）

5. 第1部の例文のピンインを読みながら、文の意味を理解しよう。

1) Wǒ shàngwǔ xué Hànyǔ, xiàwǔ xué Yīngyǔ.

2) Tā zěnme bù lái ne?

3) Wǒ 'èr líng líng sān nián jiǔ yuè qù guo Běijīng.

4) Qùnián dōngtiān Shànghǎi hěn lěng.

5) Wǒ chángcháng jiàn tā.

6) Méi shíjiān le, kuài chī ba!

7) Wǒ huì shuō yìdiǎnr Hànyǔ.

8) Wǒ yòu zǐxì de kàn le yí biàn.

9) Tā gèngjiā kèkǔ de xuéxí Hànyǔ.

10) Tā yí jiàn yí jiànde de shì yīfu.

11) Tāmen yǒu mùdì de jiējìn tā.

12) Wǒmen yào kēxué de kàn zhè ge wèntí.

13) Nǐ duì shénme yǒu xìngqù?

14) Nǐ gěi tā dǎ diànhuà le ma?

15) Tā bǐ wǒ gāo.

16) Wǒ zài Yǔyán dàxué xué Hànyǔ.

17) Wǒmen cóng xīngqī jǐ kāishǐ?

18) Wǒ bèi lǎoshī pīpíng le.

19) Wǒmen yòng Hànyǔ jiāoliú.

20) Wǒ zuò fēijī qù Dōngjīng.

21) Wǒ cóng xià xīngqīyī kāishǐ xué Hànyǔ.

22) Zài hánlěng de dōngtiān, nǐmen yào duō chuān yīfu.

23) Dāng wǒmen huílái shí, tā yǐjīng zǒu le.

24) Lí kāi xué zhǐyǒu yí ge xīngqī le.

25) Nǐ cóng shénme dìfang chūfā?

26) Nǐ zài nǎ ge dàxué liúxué?

27) Nǐ jiā lí chēzhàn yuǎn ma?

28) Wǒmen wǎng nǎbiān zǒu?

29) Qìchē xiàng zhèbiān kāi guòlai le.

30) Qǐng gěi wǒmen jièshào yíxià ba.

31) Nǐ gēn shuí yìqǐ qù de?

32) Tā duì wǒmen hěn rèqíng.

33) Guānyú zhège wèntí, wǒ hé tā tǎolùn guo le.

34) Qǐng xiàng nǐ fùmǔ wènhǎo.

35) Nǐ néng tì wǒ qù yíxià ma?

36) Duìyú zhèli de qíngkuàng, wǒ bú tài shúxi.

37) Wèi wǒmen de yǒuyì gānbēi!
38) Jù tǒngjì, jīnnián xué Hànyǔ de xuésheng zēngjiā le.
39) Zhè jiàn shì yóu nǐ dìng.
40) Jīngdū bǐ Dàbǎn rè.
41) Wǒ bèi tā cǎi le yì jiǎo.
42) Zhìyú rénshù hé shíjiān, wǒmen míngtiān zài tán ba.
43) Guānyú Chángchéng, yǒu hěn duō chuánshuō.
44) Dāng wǒ qù de shíhou, huìyì yǐjīng jiéshù le.
45) Tā duì háizi guǎn de hěn yán.
46) Wǒmen duì xuǎnshǒu jìnxíng pínggū.
47) Tā duì wǒ hěn hǎo.
48) Duìyú gōngzuò, tā hěn nèiháng.
49) Duìyú 'àiqíng, tā yìdiǎnr bù dǒng.
50) Zhè jiàn shì duì wǒ lái shuō, tài zhòngyào le.
51) Duìyú shuāngfāng lái shuō, dōu xīwàng jǐnkuài jiějué.

第 2 部 キャパシティーアップトレーニング

(1) 次の文の介詞フレーズを指摘しなさい。

1. 这些东西是在哪儿买的？
2. 从去年开始，他一直在研究。
3. 这项工程由谁负责？
4. 我已经向公司做了汇报。
5. 谁给我们做向导？
6. 饭店的服务员对我们很热情。
7. 关于下个月的计划，请小李介绍一下。
8. 对我来说，找工作是最重要的。
9. 老板对员工十分信任。
10. 银行离我家很近。

(2) 次の連語を並べ替えなさい。

1. 从，他，出来了，会议室里，走，
 （彼は会議室から出てきました。）
2. 在，常来看，我生病期间，他，我，
 （僕が病気している時に彼はよく見舞いに来てくれました。）
3. 很近，日本，中国，离，
 （日本は中国から近いです。）
4. 向，他们，灾区，很多物资，捐了，
 （彼らは被災地に多くの物品を寄付しました。）
5. 介绍，她，据，是全班，最好的学生，学得，
 （紹介によると、彼女はクラスで一番いい学生です。）

(3) 次の文の間違いや不適切な箇所を直しなさい。

1. 我家从学校很远。
2. 日语我是朝零开始的。
3. 你去邮局往我发一封信。

4. 这儿向北京冷多了。

5. 关于他的话我们不能全信

6. 这里给我来说是第二故乡。

7. 你和谁学汉语？

8. 你给老师汇报了吗？

9. 当睡觉之前，不要喝浓茶。

10. 这是对于台湾出口的产品。

(4) 次の文を中国語に訳しなさい。

1. 私たちは飛行機で西安へ行きます。

2. 金曜日の午前は、君は何をする予定ですか。

3. 君はどうしてまた遅刻したのですか？

4. 英語を話せますか。

5. 君は何に対して興味がありますか。

6. かばんの中からゆっくりと取り出しました。

7. 私たちは中国語で世間話をしました。

8. 彼女は私よりうまくマスターしました。

9. 家に電話しましたか。

10. どこの大学で勉強していますか。

11. 中国語の授業は何曜日から始まりますか。

12. 君のアパートは学校から遠いですか。

13. 車はどちらへ走っていったのですか。

14. この問題は私たちにとっては難しすぎます。

15. この課題については、来週検討したいと思います。

(5) 状語に注意しながら、次の会話の文を朗読しなさい。

A：请问，这附近有公共汽车站吗？

B：有，你顺着这条路往前走，在十字路口往左拐，马上就有一个。

A：请问，去长城饭店怎么走？

B：你先坐28路，然后在西单换乘106路，坐5站就到了。

A：在公共汽车上可以换零钱吗？

B：不行，你应该先换好零钱。

A：对不起，我还想打听一下。公共汽车比地铁便宜吗？

B：不，公共汽车比地铁贵一点儿。

A：太谢谢了！

B：不用谢。

A：Qǐngwèn, zhè fùjìn yǒu gōnggòng qìchē zhàn ma?

B：Yǒu, nǐ shùn zhe zhè tiáo lù wǎng qián zǒu, zài shízì lùkǒu wǎng zuǒ guǎi, mashàng jiù yǒu yí ge.

A：Qǐngwèn, qù Chángchéng fàndiàn zěnme zǒu?

B：Nǐ xiān zuò 'èr shí bā lù, ránhòu zài Xīdān huànchéng yāo líng liù lù, zuò wǔ zhàn jiù dào le.

A：Zài gōnggòng qìchē shàng kěyǐ huàn língqián ma?

B：Bù xíng, nǐ yīnggāi xiān huàn hǎo língqián.

A：Duìbuqǐ, wǒ hái xiǎng dǎtīng yíxià. Gōnggòng qìchē bǐ dìtiě piányi ma?

B：Bù, gōnggòng qìchē bǐ dìtiě guì yìdiǎnr.

A：Tài xièxie le!

B：Bú yòng xiè.

(6) 次の日本語を中国語に訳しなさい。

　私は山田太郎と申します。私の家には4人の家族がいます。父、母、妹と私です。父は電気メーカに勤めています。その仕事の関係でよく中国へ出張に出かけます。その影響で私たち一家はみんな中国に興味を持つようになりました。母は中華料理に興味があり、料理教室にも通っています。私は中国の映画に興味があり、映画の中国語が聞き取れるために、大学で3年間中国語を勉強しました。今は就職活動をしていますが、中国と関わりのある企業に就職したいです。

(7) 読んで笑おう。

　法律课上，教授指定我们读关于公民权利的文章。第二天，他叫一个同学说出10项公民权利，那同学没回应，教授说："好吧，就列举5项吧！"学生仍不出声，教授只好无可奈何地说："只要你讲出你身为公民的一项权利就行了！"该生回答："我有权保持沉默！"

（摘自笑话幽默网）

Fǎlǜ kè shàng, jiàoshòu zhǐdìng wǒmen dú guānyú gōngmín quánlì de wénzhāng. Dì'èr tiān, tā jiào yí ge tóngxué shuō chū shí xiàng gōngmín quánlì, nà tóngxué méi huíyìng, jiàoshòu shuō: "Hǎo ba, jiù lièjǔ wǔ xiàng ba!" Xuésheng réng bù chūshēng, jiàoshòu zhǐhǎo wúkěnàihé de shuō: "Zhǐyào nǐ jiǎng chū nǐ shēnwéi gōngmín de yí xiàng quánlì jiù xíng le!" Gāi shēng huídá: "Wǒ yǒu quán bǎochí chénmò!"

第六课　状　　　語（二）（連用修飾語　二）

第 1 部　キーポイントのチェック

1. 副詞と状語

　副詞は述語の前に置き、時間、程度、範囲、否定などの意味を表し、構文においては、副詞は状語にしかならない。副詞はおよそ次のような幾つかの類に分けられる。
（1）時間を表すもの。「刚」、「正在」、「才」、「从来」、「已经」、「马上」など。
　　1）他刚从国外回来。（彼は外国から戻ってきたばかりだ。）
　　2）李老师正在上课。（李先生は授業中だ。）
　　3）排了三个小时才买到。（3時間も並んで、やっと手に入れたのだ。）
　　4）我从来没去过苏州。（蘇州には一度も行ったことがない。）
　　5）他已经出发了吗？（彼はもう出発したか。）
　　6）请马上给他打电话。（すぐ彼に電話してください。）
（2）程度を表すもの。「很」、「非常」、「太」、「最」、「更」、「稍微」など。
　　7）那儿的风景很美。（あちらの景色はとても美しい。）
　　8）田中的汉语非常好。（田中君の中国語はとてもうまい。）
　　9）京都的夏天太热了。（京都の夏はとても暑い。）
　　10）你最爱听谁的歌曲？（誰の歌が一番好きか。）
　　11）她学习比以前更刻苦了。（彼女は前よりもっと勤勉に勉強している。）
　　12）这件衣服稍微大了点儿。（この服はちょっと大きい。）
（3）範囲を表すもの。「仅仅」、「都」、「只」、「就」など。
　　13）这一次仅有五个人报名。（今回は応募した人は五人しかいない。）
　　14）他们都来了吗？（彼らはみんな来たか。）
　　15）我只爱打棒球。（私が好きなスポーツは野球だけだ。）
　　16）我们就游览了一个地方。（私たちはただ一カ所だけ観光した。）
（4）頻度を表すもの。「又」、「再」、「还」、「常常」、「再三」、「往往」など。

17) 他们今天又来了。(彼らは今日また来た。)

18) 你明天再去一次吧。(君は明日もう1回行きなさい。)

19) 下星期你还得去找他一下。(来週、もう一度彼を訪ねてください。)

20) 他常常去国外旅游。(彼はよく海外へ旅行に行く。)

21) 他再三强调一定要注意安全。(彼は再三、くれぐれも安全に気をつけると強調した。)

22) 他往往不按时来。(彼はよく時間通りに来ない。)

(5) 状態を表すもの。「漸漸」、「依然」、「忽然」、「親自」、「順便」、「一起」など。

23) 雨渐渐地停了。(雨は次第に止んできた。)

24) 我依然喜欢她。(私は依然として彼女が好きだ。)

25) 我的电脑忽然不动了。(僕のパソコンは突然動かなくなった。)

26) 王老师亲自为我们做蛋糕。(王先生は自ら私たちのためにケーキを作ってくれた。)

27) 我顺便去了一趟书店。(僕はついでに本屋に立ち寄った。)

28) 我们一起上学，一起回家。(僕たちは一緒に登校し、一緒に下校する。)

(6) 語気を表すもの。「大概」、「一定」、「倒」、「差点儿」、「也许」、「到底」、「却」、「可」など。

29) 她大概不会来了。(彼女はおそらくもう来ないだろう。)

30) 我一定把这件事情做好。(私は必ずこのことをやり遂げる。)

31) 弟弟才七岁，个子倒比哥哥高。(弟さんは7歳ですが、背がお兄さんより高いです。)

32) 我差点儿出了交通事故。(僕はもう少しで事故に遭うところだ。)

33) 他也许还不知道。(彼はまだ知らないかもしれない。)

34) 这到底是怎么回事？(これはいったいどういうことだろう。)

35) 没想到却输给了他。(彼に負けたとは思いもよらなかった。)

36) 这次会议你可一定要来啊！(今度の会議は君、ぜひ来てくださいよ。)

(7) 否定を表すもの。「不」、「没」など。

37) 你不想去吗？(行きたくないのか。)

38) 昨晚没睡好。(昨夜、よく寝れなかった。)

2. 副詞の意味の違い

(1)「才 A」と「才 B」

▲「才」は時間的に「遅い」、「長い」、年齢的に「老い」、数量的に「多い」の意味を表す「才 A」の場合と、それと逆に時間的に「早い」・「短い」、年齢的に「若い」、数量的に「少ない」の意味を表す「才 B」の場合がある。

　　39) 我们三点钟才赶到会场。「才 A」（私たちは 3 時にやっと会場にたどり着いた。）

　　40) 他四十岁才当上科长。「才 A」（彼は 40 歳になって、やっと課長に昇進した。）

　　41) 现在才四点，你怎么就起来了！「才 B」（まだ 4 時なのに、何で起きたの。）

　　42) 他才十五岁，就像大人一样干活。「才 B」（彼はまだ 15 歳なのに、もう大人と同じように仕事をしている。）

(2)「就」と「才 A」

▲「就」は時間的に「早い」・「短い」、年齢的に「若い」、数量的に「少ない」の意味を表す。

　　43) 十点钟才开会，你怎么九点就来了啊。（会議は 10 時からだよ。今は 9 時だよ。君は早いね。どうして。）

　　44) 我记了一个月才记住，你怎么一个星期就记住了？（僕は 1 カ月もかかって、やっと覚えたのに、君は何で 1 週間だけで覚えたのか。）

　　45) 我二十一岁才考上大学，而张华十七岁就考上了。（僕は 21 歳になって、やっと大学に合格したのに、張華君は 17 歳で早くも合格したのだ。）

(3)「都」と「才 B」

▲「都」は時間的に「遅い」・「長い」、年齢的に「老い」、数量的に「多い」の意味を表す。

　　46) 你都十八岁了，怎么还跟小孩一样不懂事。（君は 18 歳にもなったのに、何で子どものようにわきまえのないようなことをするの。）

　　47) 都深夜十二点了，怎么还不回家？（もう深夜 12 時も過ぎているのに、何でまだ家に帰らないの。）

　　48) 才两件上衣，怎么够呢？（2 枚の上着だけではとても足りないのだ。）

　　49) 才四点半，怎么就下班回家了。（まだ 4 時半なのに、どうしてもう退社して家に帰ったのか。）

(4)「再」と「又」

▲「再」と「又」はどちらも重複の意味を表すが、「再」は主観的なことや未実現のこ

とに使うのに対して、「又」は客観的なこと、実現したことに使う。

 50) 字没写好，我再写一遍吧。（字はうまく書けなかったので、もう1回書こう。）

 51) 为了取胜，他又写了一遍。（勝つために、彼はもう1回書いた。）

 52) 有的地方没看懂，我再看一遍吧。（読んで分からなかったところがあるので、もう1回読もう。）

 53) 她非常喜欢这部电影，昨天她又看了一次。（彼女はこの映画が大好きなので、昨日、もう一度見た。）

(5)「还」と「再」

▲「还」と「再」はどちらも動作の重複を表すが、否定的な意味を表す場合は「再」を使う。

 54) 你明天还来吗？（明日、また来るか。）

 55) 我还有一张票。（私はまだ1枚チケットを持っている。）

 56) 我再也不去了。（もう二度と行きたくない。）

 57) 我再也没有票了。（私にはチケットはもう残っていない。）

(6)「也」と「又」

▲「也」と「又」はどちらも「同様」の意味を表すが、「也」は他人の動作と同じということを表し、「又」は自分の動作と同じということを表す。

 58) 小张感冒了，小刘也感冒了。（張君は風邪を引いた。劉君も引いた。）

 59) 大家都哭了，我也哭了。（みんな泣いた。僕も泣いた。）

 60) 小张这周又生病了。（張君は今週また体調が悪くなった。）

 61) 今天他又忘记带辞典了。（彼は今日も辞書の持参を忘れた。）

3. 複数の状語がある場合の順序

▲一般的に被修飾用言との関連が近いものほど用言に近づく。

 62) 他对什么事都感兴趣。（彼はどんなことに対しても興味を持っている。）

 63) 小王昨天下午三点就走了。（王君は昨日午後3時にすでに出発した。）

 64) 我打算今晚不给他打电话。（今夜彼に電話を掛けないつもりだ。）

▲複数の状語がある場合には、一般的には原因・目的→語気→時間→場所→協同者→行為者の状態→道具・対象・方式→動作の状態の順で並べる。

 65) 他为了工作到四十岁才结婚。（仕事のために、40歳になってはじめて結婚したのだ。）

66) 他大概只住了两天就回去了。(彼は大体2日間泊まっただけで帰っていった。)

67) 我还想跟他一起去。(彼ともう一度一緒に行きたい。)

68) 我只好亲自再去拜访他了。(私は自らもう一度彼を訪ねるしかないと思います。)

4. 第1部の例文のピンインを読みながら、文の意味を理解しよう。

1) Tā gāng cóng guówài huí lái.

2) Lǐ lǎoshī zhèngzài shàng kè.

3) Pái le sān ge xiǎoshí cái mǎi dào.

4) Wǒ cónglái méi qù guo Sūzhōu.

5) Tā yǐjīng chūfā le ma?

6) Qǐng mǎshàng gěi tā dǎ diànhuà.

7) Nàr de fēngjǐng hěn měi.

8) Tiánzhōng de Hànyǔ fēicháng hǎo.

9) Jīngdū de xiàtiān tài rè le.

10) Nǐ zuì 'ài tīng shuí de gēqǔ?

11) Tā xuéxí bǐ yǐqián gèng kèkǔ le.

12) Zhè jiàn yīfu shāowēi dà le diǎnr.

13) Zhè yí cì jǐn yǒu wǔ ge rén bào míng.

14) Tāmen dōu lái le ma?

15) Wǒ zhǐ 'ài dǎ bàngqiú.

16) Wǒmen jiù yóulǎn le yí ge dìfang.

17) Tāmen jīntiān yòu lái le.

18) Nǐ míngtiān zài qù yí cì ba.

19) Xià xīngqī nǐ hái dé qù zhǎo tā yíxià.

20) Tā chángcháng qù guówài lǚyóu.

21) Tā zàisān qiángdiào yídìng yào zhùyì 'ānquán.

22) Tā wǎngwǎng bú 'ànshí lái.

23) Yǔ jiànjiàn de tíng le.

24) Wǒ yīrán xǐhuan tā.

25) Wǒ de diànnǎo hūrán bú dòng le.

26) Wáng lǎoshī qīnzì wèi wǒmen zuò dàngāo.

27) Wǒ shùnbiàn qù le yí tàng shūdiàn.

28) Wǒmen yìqǐ shàngxué, yìqǐ huí jiā.

29) Tā dàgài bú huì lái le.

30) Wǒ yídìng bǎ zhè jiàn shìqíng zuò hǎo.

31) Dìdi cái qī suì, gèzi dǎo bǐ gēge gāo.

32) Wǒ chà diǎnr chū le jiāotōng shìgù.

33) Tā yěxǔ hái bù zhīdao.

34) Zhè dào dǐ shì zěnme huí shì?

35) Méi xiǎng dào què shū gěi le tā.

36) Zhècì huìyì nǐ kě yídìng yào lái ā!

37) Nǐ bù xiǎng qù ma?

38) Zuówǎn méi shuì hǎo.

39) Wǒmen sān diǎnzhōng cái gǎn dào huìchǎng.

40) Tā sìshí suì cái dāng shàng kēzhǎng.

41) Xiànzài cái sìdiǎn, nǐ zěnme jiù qǐlái le!

42) Tā cái shíwǔ suì, jiù xiàng dàrén yíyàng gàn huó.

43) Shí diǎnzhōng cái kāihuì, nǐ zěnme jiǔ diǎn jiù lái le ā.

44) Wǒ jì le yí ge yuè cái jì zhù, nǐ zěnme yí ge xīngqī jiù jì zhù le?

45) Wǒ 'èrshíyī suì cái kǎo shàng dàxué, ér Zhāng huá shíqī suì jiù kǎo shàng le.

46) Nǐ dōu shíbā suì le, zěnme hái gēn xiǎohái yíyàng bù dǒngshì.

47) Dōu shēnyè shí 'èr diǎn le, zěnme hái bù huí jiā?

48) Cái liǎng jiàn shàngyī, zěnme gòu ne?

49) Cái sì diǎn bàn, zěnme jiù xià bān huí jiā le.

50) Zì méi xiě hǎo, wǒ zài xiě yí biàn ba.

51) Wèile qǔshèng, tā yòu xiě le yí biàn.

52) Yǒu de dìfang méi kàn dǒng, wǒ zài kàn yí biàn ba.

53) Tā fēicháng xǐhuan zhè bù diànyǐng, zuótiān tā yòu kàn le yí cì.

54) Nǐ míngtiān hái lái ma?

55) Wǒ hái yǒu yì Zhāng piào.

56) Wǒ zài yě bú qù le.

57) Wǒ zài yě méiyǒu piào le.

58) Xiǎo Zhāng gǎnmào le, xiǎo Liú yě gǎnmào le.

59) Dàjiā dōu kū le, wǒ yě kū le.

60) Xiǎo Zhāng zhè zhōu yòu shēng bìng le.

61) Jīntiān tā yòu wàngjì dài cídiǎn le.

62) Tā duì shénme shì dōu gǎn xìngqu.

63) Xiǎo Wáng zuótiān xiàwǔ sān diǎn jiù zǒu le.

64) Wǒ dǎsuan jīnwǎn bù gěi tā dǎ diànhuà.

65) Tā wèile gōngzuò dào sìshí suì cái jié hūn.

66) Tā dàgài zhǐ zhù le liǎng tiān jiù huí qù le.

67) Wǒ hái xiǎng gēn tā yìqǐ qù.

68) Wǒ zhǐhǎo qīnzì zài qù bàifǎng tā le.

第 2 部　キャパシティーアップトレーニング

(1) 次の文の状語を指摘しなさい。

1. 我刚学了半年。
2. 他突然离开了会场。
3. 他大概不会再来了。
4. 你说的也许是对的。
5. 我已经一个星期没去学校了。
6. 我们这次只去了北京和上海。
7. 我今天有点儿不舒服。
8. 他从来不抽烟，不喝酒。
9. 现在我更加喜欢学汉语了
10. 这双鞋子稍微有点儿大。

(2) 次の連語を並べ替えなさい。

1. 再，还早，时间，呢，一会儿，坐，吧，
  （まだ早いので、もうすこしここにいましょう。）
2. 以后，那，就，我们，见过面，再，没，从，
  （あれ以来、私たちは一度も会っていません。）
3. 我，今年，再，暑假，北京，打算，去一次，
  （今年の夏休みに、もう一度北京へ行く予定です。）
4. 来，他，又，问，办公室，今天，这件事，了，
  （彼は今日も事務室へこの問題について聞きに来ました。）
5. 指出了，他，就，这个问题，很早，
  （彼は早くからこの問題を指摘していました。）

(3) 次の文の間違いや不適切な箇所を直しなさい。

1. 我们刚才找过了，可是不找到。
2. 我爱这里的环境，再爱这里的村民。
3. 这次访问中国，给我留下了真深的印象。

—47—

4．已经十月份了，可是这里的天气还太热。

5．他没爱说话，只爱干活。

6．都十点了，他怎么也不来呢？

7．他只学了三个月还学会了。

8．我每天下午就去打排球。

9．再过一个星期，他又二十岁了。

10．昨天我太忙了，晚上还睡了四个小时。

（4）次の文を中国語に訳しなさい。

1．この小説は、今日読み終わったばかりです。

2．私は急いで走っていて彼をつかまえました。

3．彼は挨拶もせずに、こっそり出て行きました。

4．私が行ったときに、彼は電話中でした。

5．子どもたちは砂浜で楽しく遊んでいました。

6．すみませんが、もう1回言ってください。

7．犯人はいったい誰でしょうか。

8．急なことなので、すぐには思い出せなかったです。

9．会談は10分間しか行われなかったです。

10．健康状態もよくないし、邪魔しないことにしましょう。

11．このことについては、いままで誰にも話さなかったです。

12．すこし休んで、またやり始めました。

13．もう夜中の3時だよ。何でまた寝ないのですか？

14．車のスピードは出しすぎます。危ないですよ。

15．彼らは出発してからもう3日もすぎたのに、何でまだ着かないのですか？

(5) 状語を注意しながら、次の会話文を朗読しなさい。

A：欢迎光临！你们几位？

B：三个人。有靠窗的位子吗？

A：有，请跟我来。这里怎么样？

B：可以，就坐这儿吧。给我们上茶吧。

A：好的。服务员马上就到。

—48—

C：请问，你们喝什么茶？乌龙茶还是绿茶？

B：先来一壶乌龙茶吧。

C：好的，我马上给你们送来。

B：我们要点菜了。一个青椒肉丝，一个西红柿炒鸡蛋，一个麻婆豆腐……，先点这些吧。

C：好的！请稍候！一会儿就来。

A：Huānyíng guānglín! Nǐmen jǐ wèi?

B：Sān ge rén. Yǒu kào chuāng de wèizi ma?

A：Yǒu, qǐng gēn wǒ lái. Zhèli zěnmeyàng?

B：Kěyǐ, jiù zuò zhèr ba. Gěi wǒmen shàng chá ba.

A：Hǎo de. Fúwùyuán mǎshàng jiù dào.

C：Qǐngwèn, nǐmen hē shénme chá? Wūlóngchá háishi lǜchá?

B：Xiān lái yì hú wūlóngchá ba.

C：Hǎo de, wǒ mǎshàng gěi nǐmen sòng lai.

B：Wǒmen yào diǎn cài le. Yí ge qīngjiāo ròusī, yí ge xīhóngshì chǎo jīdàn, yí ge mápó dòufu……, xiān diǎn zhèxiē ba.

C：Hǎo de! Qǐng shāo hòu! Yíhuìr jiù lái.

(6) 次の日本語を中国語に訳しなさい。

　私は2人の中国の友人がいます。私たちは去年北京で知り合ったのです。1人は馬海と言います。北京語言大学日本語科の3回生です。彼はとても勤勉で、毎日一生懸命に勉強しています。私は彼に日本語を教え、彼は私に中国語を教えます。私たちは互い学び合っています。馬君は今年の7月に卒業する予定ですが、就職も決まり、今、卒論に励んでいます。もう1人は劉飛翔と言います。中国建設銀行の行員です。日本語があまり分からないのですが、日本の音楽やアニメが大好きです。毎日、日本の音楽を聞いているそうです。

(7) 読んで笑おう。

　我来中国以后，觉得枕头很硬，想去商店买个软一点儿的。我对售货员说："您好，我要买个针头（枕头）。"她说，我们的商店不卖针头。这下可把我弄糊涂了。我明明看

见货架上放着一堆枕头,她怎么说没有呢?于是我慢慢地重复说:"我要买一个针头(枕头)。"她也慢慢地回答:"我们这儿没有针头。"眼看自己是说不明白了,我连忙指着她的身后说:"那是什么?"她笑了:"哦,那是枕头,不是针头。"

(摘自笑话幽默网)

Wǒ lái Zhōngguó yǐhòu, juéde zhěntou hěn yìng, xiǎng qù shāngdiàn mǎi ge ruǎn yìdiǎnr de. Wǒ duì shòuhuòyuán shuō: "Nín hǎo, wǒ yào mǎi ge zhēntóu (zhěntou)." Tā shuō, wǒmen de shāngdiàn bú mài zhēntóu. Zhè xià kě bǎ wǒ nòng hútu le. Wǒ míngmíng kàn jiàn huò jià shàng fàng zhe yì duī zhěntou, tā zěnme shuō méiyǒu ne? Yúshì, wǒ mànmàn de chóngfù shuō: "Wǒ yào mǎi yí ge zhēntóu (zhěntou)." Tā yě mànmàn de huídá: "Wǒmen zhèr méiyǒu zhēntóu." Yǎnkàn zìjǐ shì shuō bu míngbái le, wǒ liánmáng zhǐ zhe tā de shēn hòu shuō: "Nà shì shénme?" Tā xiào le: "Ò, nà shì zhěntou, bú shì zhēntóu."

第七课　「得」補語（程度、様態補語）

第 1 部　キーポイントのチェック

1. 「得」補語の定義

　　「得」補語は、述語（動詞、形容詞）の後ろに置かれ、述語の表す動作・行為・性状などの程度や様態を説明する。「得」補語は構造助詞の「得」を介して前後の関係が結ばれることになるので、「得」がなくてはならないのが特徴である。「得」補語は副詞、形容詞フレーズ、動詞フレーズなどから構成される。

2. 程度を表す「得」補語
    1) 他汉语说得很好。（彼の中国語はとても上手だ。）
    2) 他最近忙得很。（彼は最近とても忙しい。）
    3) 她气得哭了。（彼女は腹が立って泣いていた。）
    4) 我们后悔得不得了。（私たちは悔しくてたまらない。）
    5) 昨晚热得我没睡着。（昨夜、暑くて眠れなかった。）
    6) 今天她起得很早。（今日、彼女は早く起きた。）
    7) 今天我累得话都不想说了。（今日、僕は話もしたくないほど疲れている。）

3. 様態を表す「得」補語
    8) 他走得很慢。（彼はゆっくりと歩いている。）
    9) 她说得很快。（彼女は早口で話している。）
    10) 小孩把房间弄得乱糟糟的。（子どもは部屋をめちゃくちゃにさせた。）
    11) 教室打扫得干干净净。（教室はきれいに掃除されている。）
    12) 衣服叠得整整齐齐。（服はきれいに折りたたんでいる。）
    13) 我吓得出了一身冷汗。（僕は驚いて冷や汗も出た。）

4. 「得」補語の否定

▲「得」補語の否定は「不」を使うが、述語の動詞・形容詞の前に置くのではなく、「得」の後ろの方に置かなければならない。

  14) 他的英语<u>说得</u>**不好**。(彼の英語はうまくない。)

  15) 他<u>写得</u>**不认真**。(彼は丁寧に書いていない。)

  16) 我的菜<u>做得</u>**不太地道**。(僕の料理は本場らしい味がない。)

  17) 我们<u>玩得</u>**不太开心**。(私たちはあまり楽しく遊ぶことができなかった。)

  18) 昨天<u>喝得</u>**不痛快**。(昨日は楽しく飲むことができなかった。)

  19) 这次比赛她<u>跑得</u>**不太快**。(今回の試合では彼女はあまり速く走らなかった。)

5. 疑問を表す構文

▲反復疑問文をつくる時、「得」補語がある場合は、「得」前の動詞・形容詞を肯定否定を繰り返すのではなく、「得」の後ろの動詞・形容詞を繰り返すことになる。

  20) 昨晚<u>休息得</u>**好不好**？(昨夜、よくお休みになったか。)

  21) 房间<u>打扫得</u>**干净不干净**？(部屋はきれいに掃除されたか。)

  22) 她<u>回答得</u>**对不对**？(彼女は正しく答えたか。)

  23) 他<u>跑得</u>**快不快**？(彼は速く走っているか。)

6. 「得」補語構文の目的語の位置

▲「得」補語の構文では、目的語は述語動詞の後ろに置くのではなく、述語の前に置かなければならないのである。

 (1) 述語の前に置く。「目的語＋V 得」

  24) 她**汉语**<u>说得</u>怎么样？(彼女の中国語はいかがか。)

  25) 她**碗**<u>洗得</u>很快。(彼女は食器を洗うのが早い。)

  26) 他**洗衣粉**<u>放得</u>很多。(彼は洗濯粉をたくさん入れていた。)

  27) 他**羽毛球**<u>打得</u>比我好。(彼のバドミントンは僕よりうまい。)

  28) 我**文章**<u>写得</u>不好。(僕は文章を書くのがうまくない。)

 (2) 述語の動詞を 2 回繰り返す。「V＋目的語＋V 得」

  29) 她<u>说</u>**汉语**<u>说得</u>怎么样？

  30) 她<u>洗</u>**碗**<u>洗得</u>很快。

  31) 他<u>放</u>**洗衣粉**<u>放得</u>很多。

32) 他<u>打</u>**羽毛球**<u>打得</u>比我好。

33) 我<u>写</u>**文章**<u>写得</u>不好。

7. 第1部の例文のピンインを読みながら、文の意味を理解しよう。

1) Tā Hànyǔ shuō de hěn hǎo.

2) Tā zuìjìn máng de hěn.

3) Tā qì de kū le.

4) Wǒmen hòuhuǐ de bùdéliǎo.

5) Zuówǎn rè de wǒ méi shuì zháo.

6) Jīntiān tā qǐ de hěn zǎo.

7) Jīntiān wǒ lèi de huà dōu bù xiǎng shuō le.

8) Tā zǒu de hěn màn.

9) Tā shuō de hěn kuài.

10) Xiǎohái bǎ fángjiān nòng de luànzāozāo de.

11) Jiàoshì dǎsǎo de gāngānjìngjìng.

12) Yīfu dié de zhěngzhěngqíqí.

13) Wǒ xià de chū le yì shēn lěnghàn.

14) Tā de Yīngyǔ shuō de bù hǎo.

15) Tā xiě de bú rènzhēn.

16) Wǒ de cài zuò de bú tài dìdao.

17) Wǒmen wán de bú tài kāixīn.

18) Zuótiān hē de bú tòngkuai.

19) Zhècì bǐsài tā pǎo de bú tài kuài.

20) Zuówǎn xiūxi de hǎo bu hǎo?

21) Fángjiān dǎsǎo de gānjìng bu gānjìng?

22) Tā huídá de duì bu duì?

23) Tā pǎo de kuài bu kuài?

24) Tā Hànyǔ shuō de zěnmeyàng?

25) Tā wǎn xǐ de hěn kuài.

26) Tā xǐyīfěn fàng de hěn duō.

27) Tā yǔmáoqiú dǎ de bǐ wǒ hǎo.

28) Wǒ wénzhāng xiě de bù hǎo.
29) Tā shuō Hànyǔ shuō de zěnmeyàng?
30) Tā xǐ wǎn xǐ de hěn kuài.
31) Tā fàng xǐyīfěn fàng de hěn duō.
32) Tā dǎ yǔmáoqiú dǎ de bǐ wǒ hǎo.
33) Wǒ xiě wénzhāng xiě de bù hǎo.

第 2 部　キャパシティーアップトレーニング

(1) 次の文の「得」補語を指摘しなさい。

1. 鸡肉炸得有点儿过头了。
2. 他课文读得很流利。
3. 房子装修得不太理想。
4. 他凶得要命。
5. 我牙痛得一个晚上没睡着。
6. 门口的花摆得整整齐齐。
7. 禁烟活动开展得很好。
8. 她的画儿画得怎么样?
9. 那儿的冬天冷得受不了。
10. 关于这个问题他研究得很深。

(2) 次の連語を並べ替えなさい。

1. 说，小王，的，得，日语，不好，
   （王君の日本語はあまりうまくないです。）
2. 得，棒球，田中，打，怎么样，打，
   （田中君の野球の腕はいかがですか。）
3. 我，很慢，吃，饭，得，吃，
   （僕はご飯を食べるのが遅いです。）
4. 他，很仔细，看，很认真，得，
   （彼は非常に丁寧に真面目にチェックしています。）
5. 你，早，起，每天，不早，得，
   （君は毎朝早く起きますか。）

(3) 次の文の間違いや不適切な箇所を直しなさい。

1. 他说得英语好。
2. 昨晚的雨不下得大。
3. 他个子不长得高。

4. 她变得可爱更加了。

5. 他的报告很写得简单。

6. 飞机很高得飞。

7. 小张唱得很好日语歌。

8. 昨晚怎么样得休息？

9. 我们很生活得愉快。

10. 京都的夏天受不了得热。

(4) 次の文を中国語に訳しなさい。

1. お母さんは毎朝早く起きます。

2. たくさん食べたから、3キロも太りました。

3. 私の中国語はうまくないです。

4. 歩くのが遅かったので、終電には間に合いませんでした。

5. 彼は文章を書くのがうまいです。

6. 彼女は魚料理がうまいです。

7. 字がきちんと書かれていないので、まったく読めません。

8. 君は服を着すぎですよ。

9. 彼は部屋をきれいに掃除していなかったです。

10. 睡眠をとる時間がないほど忙しかったです。

11. のどが痛くなるほど本文の朗読を練習しました。

12. おなかが痛くなるほど笑いました。

13. 悔しくて一晩中眠れなかったです。

14. 目をあけることができないほど強い風が吹いている。

15. 彼は足し算をするのがとてもはやいです。

(5) 「得」補語に注意しながら、次の会話文を朗読しなさい。

A：你的菜做得太好了！

B：是吗？那你就再多吃一点儿吧。

A：不能吃了。我今天吃得太多了。

B：你在日本也常常吃中国菜吗？

A：是的。不过，日本的中国菜油放得少一些。

B：我也听朋友说过。还听说味道也做得淡一些。

A：是的。下次，我请你吃我做的日本菜吧。

B：你也会做菜吗？

A：会做一点儿，但做得不太地道。

B：好，下次我一定去吃你做的日本菜。

A：Nǐ de cài zuò de tài hǎo le！

B：Shì ma？ Nà nǐ jiù zài duō chī yìdiǎnr ba.

A：Bù néng chī le. Wǒ jīntiān chī de tài duō le.

B：Nǐ zài Rìběn yě chángcháng chī Zhōngguó cài ma？

A：Shì de. Búguò, Rìběn de Zhōngguó cài yóu fàng de shǎo yìxiē.

B：Wǒ yě tīng péngyou shuō guo. Hái tīngshuō wèidao yě zuò de dàn yìxiē.

A：Shì de. Xiàcì, wǒ qǐng nǐ chī wǒ zuò de rìběn cài ba.

B：Nǐ yě huì zuò cài ma？

A：Huì zuò yìdiǎnr, dàn zuò de bú tài dìdao.

B：Hǎo, xiàcì wǒ yídìng qù chī nǐ zuò de rìběn cài.

(6) 次の日本語を中国語に訳しなさい。

　私は佐藤一郎と申します。中国語は2年半ぐらい勉強しましたが、まだ上手にしゃべれません。しかし、田中晃君は1年間しか習っていないのですが、私よりうまく話せます。特に発音は私よりうまくできています。今年の春休み、私たち2人は北京へ旅行に行きました。北京で多くの中国の友人を作りました。張強君はその中の1人です。私たちは一緒に万里の長城に登ったり、故宮博物館を見学したりしてとても楽しく遊びました。また、張君の家にも遊びに行きました。張君のお母さんは手作りの料理で招待してくれました。美味しくておなかいっぱい食べました。北京旅行は本当に楽しかったです。

(7) 読んで笑おう。

　高一刚开学不久的一节化学课上，年轻的化学老师正兴致勃勃地讲课，教室里一片寂静。"我们初中时，曾学过怎样制作氢气，很简单，是用固态锌和稀盐酸反应来……"话未说完，却见众人已笑得前俯后仰。此时，前桌一男生忽地站起来，慢吞吞地慎重其事地说道："陈老师，我是顾泰兴（固态锌）！"化学老师定睛一看，忍不住笑了："哦，原来如此！"

（摘自笑话幽默网）

Gāoyī gāng kāi xué bùjiǔ de yì jié huàxué kè shang, niánqīng de huàxué lǎoshī zhèng xìngzhì bóbó de jiǎng kè, jiàoshì li yí piàn jìjìng. "Wǒmen chūzhōng shí, céng xué guo zěnyàng zhìzuò qīngqì, hěn jiǎndān, shì yòng gùtài xīn hé xī yánsuān fǎnyìng lái……" huà wèi shuō wán, què jiàn zhòngrén yī xiào de qián fǔ hòu yǎng. Cǐshí, qián zhuō yì nánshēng hūde zhàn qǐlai, màn tūntūn de shènzhòng qí shì de shuō dào: "Chén lǎoshī, wǒ shì Gù Tàixìng (gùtài xīn)!" Huàxué lǎoshī dìngjīng yí kàn, rěnbuzhù xiào le: "Ò, yuánlái rúcǐ!"

第八课　実力テスト（二）

1. 最も適当なことばを選んで、文の空欄を埋めなさい。

   (1) 我们（　　）学了半年。
       (a) 才　　　　(b) 不　　　　(c) 要　　　　(d) 更

   (2) 那儿的风景（　　）美丽。
       (a) 还　　　　(b) 再　　　　(c) 太　　　　(d) 更加

   (3) 最近有点忙，过两天（　　）说吧。
       (a) 才　　　　(b) 很　　　　(c) 再　　　　(d) 就

   (4) 太好吃了，我（　　）要了一份。
       (a) 就　　　　(b) 又　　　　(c) 更　　　　(d) 都

   (5) （　　）我回来之前，请不要做决定。
       (a) 在　　　　(b) 从　　　　(c) 对　　　　(d) 关于

   (6) 从大人（　　）小孩都知道。
       (a) 到　　　　(b) 离　　　　(c) 朝　　　　(d) 又

   (7) 这里（　　）车站最近。
       (a) 从　　　　(b) 对　　　　(c) 向　　　　(d) 离

   (8) 我（　　）棒球没有兴趣。
       (a) 向　　　　(b) 朝　　　　(c) 对　　　　(d) 给

   (9) 他背课文背（　　）很流利。
       (a) 的　　　　(b) 得　　　　(c) 地　　　　(d) 了

   (10) 我肚子痛（　　）厉害。
        (a) 了　　　　(b) 过　　　　(c) 不　　　　(d) 得

2. 次の文の中国語の語句を並べ替えなさい。
   (1) 屋子，了，脏，太，一下，打扫，吧，
       (部屋は汚すぎる。掃除しましょう。)
   (2) 明天，我，想，不，玩，去，了，
       (明日、私は遊びに行きたくないと思います。)
   (3) 以后，也，听了，了，我，生气，
       (それを聞いて私も腹が立ちました。)
   (4) 他，就，八点，走，了，才，怎么，你，来，
       (彼がここを出たのは8時でした。君は遅過ぎます。)
   (5) 对于，他，不，学习，太，重视，
       (彼はあまり勉強を重視していません。)
   (6) 往，走，前，一直，到，就，五分钟，了，
       (まっすぐに前へ歩いて、5分間で着きます。)
   (7) 他，写了，论文，关于，能源的，一篇，
       (彼はエネルギーについての論文を書きました。)
   (8) 回来的，你，当，时候，我们，不，已经，这里，在，了，
       (君が帰ってきた時には、私たちはもうここにいません。)
   (9) 雪，去年的，不，下，得，大，
       (昨年、雪があまり降らなかったです。)
   (10) 我，北京的，在，愉快，生活，得，过，很，
       (北京での生活はとても快適です。)

3. 次の日本語を中国語に訳しなさい。
   (1) 後3日で僕は20歳になります。
   (2) 発表の準備で昨夜3時間しか寝なかったです。
   (3) 君たちの中から代表者を1人選びたいです。
   (4) 凧はとても高く飛んでいます。
   (5) 昨夜、よくお休みになりましたか。

4. 次の中国語を日本語に訳しなさい。
   (1) 怎么就要走了，再住几天吧。

(2) 这件事他不一定知道。

(3) 当我们在一起时，我感到很轻松。

(4) 在我生病的时候，他常来帮助我。

(5) 房子装修得很豪华。

5. 次の文章を読み、問いに答えなさい。

① 王五动完手术后，高兴地说："谢天谢地，我终于度过了那可怕的时刻！"

张三冷静地告诉他："你别高兴得 ② 早了！我动手术时，医生忘了一个棉花球在我肚子里，害得我 ③ 吃了一刀。"

李四接着说："嗐，我也是一样，为了取一块纱布，动了第二次手术。"

王五提心吊胆地说："怎么回事？我的肚子好像越来越大了。"

"十月怀胎嘛，怎么能 ④ 长大呢！"

正在这时，医生突然进来问道："谁看到我的胶皮手套了吗？"

⑤ 王五一听，当场就昏了过去。

Wáng Wǔ dòng wán shǒushù hòu, gāoxìng de shuō : " Xiè tiān xiè dì, wǒ zhōngyú dùguò le nà kěpà de shíkè！"

Zhāng Sān lěngjìng de gàosu tā : " Nǐ bié gāoxìng de tài zǎo le！Wǒ dòng shǒushù shí, yīshēng wàng le yí ge miánhuā qiú zài wǒ dùzi li, hài de wǒ zài chī le yì dāo."

Lǐ Sì jiēzhe shuō : " Hài, wǒ yě shì yíyàng, wèile qǔ yí kuài shābù, dòng le dì 'èr cì shǒushù."

Wáng Wǔ tí xīn diào dǎn de shuō : " Zěnme huí shì？Wǒ de dùzi hǎoxiàng yuèláiyuè dà le."

"Shíyuè huái tāi ma, zěnme néng bù zhǎngdà ne！"

Zhèngzài zhè shí, yīshēng tūrán jìnlai wèn dào : " Shuí kàn dào wǒ de jiāopí shǒutào le ma？"

Wáng Wǔ yì tīng, dāngchǎng jiù hūn le guòqu.

— 61 —

(1) 下線部 ① の文を日本語に訳しなさい。

(2) 空欄 ② を埋めるのに最も適当なものは、次のどれか。
　　(a)很　　　　(b)就　　　　(c)太　　　　(d)不
(3) 空欄 ③ を埋めるのに最も適当なものは、次のどれか。
　　(a)才　　　　(b)再　　　　(c)就　　　　(d)也
(4) 空欄 ④ を埋めるのに適当なものは、次のどれか。
　　(a)不　　　　(b)没　　　　(c)还　　　　(d)会
(5) 下線部 ⑤ の意味は、次のどれか。
　　(a) 王五累了，睡着了。
　　(b) 王五吓得晕过去了。
　　(c) 王五非常高兴。
　　(d) 王五很生气。

第九课　結果補語

第 1 部　キーポイントのチェック

1. 結果補語の定義

　　結果補語は、動詞の直後に置き、その動詞が反映している動作の結果を表す。結果補語になれるのは限られた極少数の動詞と形容詞である。よく結果補語になる動詞には"完、懂、见、到、着、开、成、在、会、走、住、上、下"などがあり、形容詞には"好、对、错、晚、大、多、少、快、慢、累、满、光、干净、清楚"などがある。

2. 結果補語になる動詞

　　1) 完：我的论文你看完了吗？（私の論文は見終わったか。）
　　2) 懂：你听懂了我说的话吗？（私が言った内容は聞き取れたか。）
　　3) 见：我在电影院遇见了小王。（私は映画館で王君に会った。）
　　4) 到：我终于买到了这本书。（僕はついにこの本を手に入れた。）
　　5) 着：昨晚你睡着了吗？（昨夜は寝付けたか。）
　　6) 开：请打开第一课。（第1課を開いてください。）
　　7) 成：橘子渐渐变成了黄色。（みかんは次第に黄色くなった。）
　　8) 在：汉语辞典放在哪儿？（中国語の辞書はどこに置いてあるか。）
　　9) 会：他很快就学会了用电脑。（彼はとてもはやくパソコンの使い方を身に付けた。）
　　10) 走：你的自行车谁借走了？（君の自転車は誰が借りていったの？）
　　11) 住：这些单词你都记住了吗？（これらの単語を君は全部覚えたか。）
　　12) 上：请把门关上。（ドアを閉めてください。）
　　13) 下：他放下东西就走了。（彼は荷物を置いてすぐ出かけた。）

3. 結果補語になる形容詞

14) 好：行李都准备好了吗？（荷物の用意は全部できたか。）
15) 对：这个字我念对了吗？（この字は、私は正しく発音したか。）
16) 错：这个问题你回答错了。（この問題について君は正しく答えなかった。）
17) 晚：对不起，我今天来晚了。（ごめんなさい。今日は遅れた。）
18) 大：孩子长大了。（子どもは大きくなった。）
19) 多：只有两个人，菜做多了。（2人だけなので、料理はちょっと作りすぎた。）
20) 少：来了十个人，东西可能买少了。（10人も来たので、買い物はちょっと少なかったかも。）
21) 快：吃快了会得胃病的。（はやく食べると胃病になりやすい。）
22) 慢：我还没听懂，请说慢点儿。（聞き取れなかったので、もうすこしゆっくり話して。）
23) 累：唱累了就休息一会儿吧。（歌い疲れたら、すこし休みなさい。）
24) 满：桌上摆满了食品。（テーブルには食べ物がいっぱい置いてある。）
25) 光：单词全忘光了。（単語は全部忘れてしまった。）
26) 干净：请把地板擦干净。（床をきれいに掃除してください。）
27) 清楚：我看清楚了，他们一起走的。（僕ははっきりと見た。彼らは一緒に出て行ったのだ。）

4. 結果補語の否定

▲結果補語の構文は、動作の完成や実現の意味を表しているので、その否定はほとんどの場合が「没」を使う。

28) 我没看清楚，好像是两个人。（はっきり見えなかったが、2人のようだ。）
29) 我们还没准备好，请稍等一会儿。（準備中なので、少々お待ちください。）
30) 快两点了，你还没睡着啊。（もう2時だよ。まだ寝付いていないのか。）
31) 我还没吃饱，再要一份吧。（まだ満腹になっていないので、もう1つ注文しよう。）

5. 結果補語構文の目的語の位置

（1）結果補語の後に置く。「V結果補語＋目的語」

32) 你做完作业了吗？（宿題を終えたか。）

33) 我记住了这些单词。(これらの単語を覚えた。)

34) 你们听清楚了老师说的话吗？(先生が言った話はしっかりと理解したか。)

（2）結果補語の前に置く。「目的語＋V結果補語」

35) 作业你做完了吗？(宿題は、君はやり終えたか。)

36) 这些单词你记住了吗？(これらの語彙は、君は覚えたか。)

37) 老师说的话你们听清楚了吗？(先生が言った話は、君たちはしっかりと理解したか。)

（3）結果補語の前に置くが、「把」を用いる。「把＋目的語＋V結果補語」

38) 请大家把课本打开。(テキストを開いてください。)

39) 我把作业做完了。(僕は宿題をやり終えた。)

40) 我把房间打扫干净了。(私は部屋をきれいに掃除した。)

（4）結果補語の前に置くが、「V」を2回用いる。「V＋目的語＋V結果補語」

41) 我学开车学会了。(私は運転ができるようになった。)

42) 我找他找到了。(僕は彼を探して見つけた。)

43) 我借自行车借到了。(僕は自転車を借りることができた。)

6. 程度補語との違い

▲程度補語は、構造は結果補語と似ているが、意味は結果ではなく、程度を表すことになる。

44) 他心里难过极了。(彼は心の中でとても苦しかった。)

45) 这件事麻烦透了。(この件は大変煩わしい。)

46) 我的汉语比他差远了。(僕の中国語は彼より大分悪い。)

7. 第1部の例文のピンインを読みながら、文の意味を理解しよう。

1) wán : Wǒ de lùnwén nǐ kàn wán le ma?

2) dǒng : Nǐ tīng dǒng le wǒ shuō de huà ma?

3) jiàn : Wǒ zài diànyǐngyuàn yù jiàn le xiǎo Wáng.

4) dào : Wǒ zhōngyú mǎi dào le zhè běn shū.

5) zháo : Zuówǎn nǐ shuì zháo le ma?

6) kāi : Qǐng dǎ kāi dì yī kè.

7) chéng : Júzi jiànjiàn biàn chéng le huángsè.

8) zài : Hànyǔ cídiǎn fàng zài nǎr?

9) huì : Tā hěn kuài jiù xué huì le yòng diànnǎo.

10) zǒu : Nǐ de zìxíngchē shuí jiè zǒu le?

11) zhù : Zhèxiē dāncí nǐ dōu jì zhù le ma?

12) shàng : Qǐng bǎ mén guān shang.

13) xià : Tā fàng xiá dōngxi jiù zǒu le.

14) hǎo : Xíngli dōu zhǔnbèi hǎo le ma?

15) duì : Zhège zì wǒ niàn duì le ma?

16) cuò : Zhège wèntí nǐ huídá cuò le.

17) wǎn : Duìbuqǐ, wǒ jīntiān lái wǎn le.

18) dà : Háizi zhǎng dà le.

19) duō : Zhǐyǒu liǎng ge rén, cài zuò duō le.

20) shǎo : Lái le shí ge rén, dōngxi kěnéng mǎi shǎo le.

21) kuài : Chī kuài le huì dé wèibìng de.

22) màn : Wǒ hái méi tīng dǒng, qǐng shuō màn diǎnr.

23) lèi : Chàng lèi le jiù xiūxi yíhuìr ba.

24) mǎn : Zhuō shang bǎi mǎn le shípǐn.

25) guāng : Dāncí quán wàng guāng le.

26) gānjìng : Qǐng bǎ dìbǎn cā gānjìng.

27) qīngchǔ : Wǒ kàn qīngchǔ le, tāmen yìqǐ zǒu de.

28) Wǒ méi kàn qīngchǔ, hǎoxiàng shì liǎng ge rén.

29) Wǒmen hái méi zhǔnbèi hǎo, qǐng shāo děng yíhuìr.

30) Kuài liǎng diǎn le, nǐ hái méi shuì zháo 'a.

31) Wǒ hái méi chī bǎo, zài yào yí fèn ba.

32) Nǐ zuò wán zuòyè le ma?

33) Wǒ jì zhù le zhèxiē dāncí.

34) Nǐmen tīng qīngchǔ le lǎoshī shuō de huà ma?

35) Zuòyè nǐ zuò wán le ma?

36) Zhèxiē dāncí nǐ jì zhù le ma?

37) Lǎoshī shuō de huà nǐmen tīng qīngchǔ le ma?

38) Qǐng dàjiā bǎ kèběn dǎ kāi.

39) Wǒ bǎ zuòyè zuò wán le.

40) Wǒ bǎ fángjiān dǎsǎo gānjìng le.

41) Wǒ xué kāi chē xué huì le.

42) Wǒ zhǎo tā zhǎo dào le.

43) Wǒ jiè zìxíngchē jiè dào le.

44) Tā xīnli nánguò jíle.

45) Zhè jiàn shì máfan tòu le.

46) Wǒ de Hànyǔ bǐ tā chà yuǎn le.

第 2 部　キャパシティーアップトレーニング

(1) 次の文の結果補語を指摘しなさい。

1. 火车票买到了吗？
2. 这里很危险，赶快离开吧。
3. 就在这儿玩，不要跑远了。
4. 饭做好了吗？
5. 苹果变红了。
6. 这衣服很流行，一天就卖光了。
7. 弟弟又把玩具弄坏了。
8. 我们一直练到晚上十点。
9. 请直接送到他手里。
10. 请把这些旧家具卖掉吧。

(2) 次の連語を並べ替えなさい。

1. 什么地方，这盆花，好，在，摆，
   （この花はどこに置いたらいいですか。）
2. 坐，说话，请，大家，好，不要，
   （座りなさい。話さないでください。）
3. 到，我的，收，你，信，了，吗？
   （僕の手紙は受け取りましたか。）
4. 再，吃，晚饭，走，完，吧，
   （晩ご飯を食べてから行きなさい。）
5. 京都，在，住，你，吗？
   （君は京都に住んでいますか。）

(3) 次の文の間違いや不適切な箇所を直しなさい。

1. 请把这篇文章译汉语。
2. 你听了吗？有人敲门。
3. 作文写终了吗？

4. 你在梦里梦谁了？
5. 躺下就睡了。
6. 我们一直谈深夜。
7. 请把这些货物运汽车站。
8. 我们又回了原来的地方。
9. 在路上我们看了一只狗。
10. 我没买火车票，只好坐汽车去。

(4) 次の文を中国語に訳しなさい。
1. 陳先生をみかけましたか？
2. 宿題をやり終えたらすぐいきます。
3. この本は難しいと思いますが、読んで分かりましたか。
4. 中国語をマスターしたいです。
5. ほしかった本を手に入れました。
6. お菓子を全部食べてしまいました。
7. ちゃんと座りなさい。授業が始まりますよ。
8. 用意ができましたか。
9. 本は本棚に置いてください。
10. 漢字を書き間違えないようにしてください。
11. お客さんが来るので、部屋をきれいに掃除してください。
12. 食べ過ぎて、おなかを壊しました。
13. バスは乗客がいっぱいです。
14. テレビをつけてください。
15. この問題については説明しきれていないです。

(5) 結果補語に注意しながら、次の会話文を朗読しなさい。
A：吃完晚饭后，你一般做什么？
B：先看一会儿电视，然后去洗澡。
A：你看电视一般看到几点？
B：看到八点半左右吧。
A：洗完澡以后，你一般干什么？

B：先做老师留下的作业。
　　A：做完作业后，一般做什么呢？
　　B：有时听录音，有时候复习其他功课。
　　A：晚上你一般学习到几点？
　　B：十二点左右吧。有时学到深夜两点。

　　A：Chī wán wǎnfàn hòu, nǐ yìbān zuò shénme?
　　B：Xiān kàn yíhuìr diànshì, ránhòu qù xǐ zǎo.
　　A：Nǐ kàn diànshì yìbān kàn dào jǐ diǎn?
　　B：Kàn dào bā diǎn bàn zuǒyòu ba.
　　A：Xǐ wán zǎo yǐhòu, nǐ yìbān gàn shénme?
　　B：Xiān zuò lǎoshī liú xià de zuòyè.
　　A：Zuò wán zuòyè hòu, yìbān zuò shénme ne?
　　B：Yǒushí tīng lùyīn, yǒushíhou fùxí qítā gōngkè.
　　A：Wǎnshang nǐ yìbān xuéxí dào jǐ diǎn?
　　B：Shí 'èr diǎn zuǒyòu ba. Yǒushí xué dào shēnyè liǎng diǎn.

(6) 次の日本語を中国語に訳しなさい。
　　私は小林太郎と申します。大学の1回生です。実家は和歌山ですが、いま一人で京都に下宿しています。毎朝7時に起きます。7時半ごろに朝ごはんを食べます。食べ終わったら、30分ほど中国語の勉強をします。8時30分に家を出て自転車で学校へ行きます。午前中は英語や中国語の授業で、午後は基礎科目や演習科目の授業です。火曜日、木曜日、土曜日の夜はバイトをします。バイトは11時までやります。バイトが終わったら、自転車で下宿に帰ります。大体12時ごろに自宅に着きます。そして風呂に入り、1時ごろに寝ます。

(7) 読んで笑おう。
　　看家的狗死了，解剖一看，竟是吃了自家的带毒药的肉。主人很纳闷，这带毒的肉是用来毒来偷食的野猫的，放在仓房里，而狗始终拴在大门边，怎么能吃到毒肉呢？
　　出了大门，有几只毒死的野猫在不远处。主人始终迷惑不解，和邻居说这件事。邻居说："这还不明白，很显然，狗是吃回扣死的。"

(摘自笑话幽默网)

Kān jiā de gǒu sǐ le, jiěpōu yí kàn, jìng shì chī le zì jiā de dài dúyào de ròu. zhǔrén hěn nàmèn, zhè dài dú de ròu shì yònglái dú lái tōu shí de yěmāo de, fàng zài cāngfáng li, ér gǒu shǐzhōng shuān zài dàmén biān, zěnme néng chī dào dú ròu ne?

Chū le dàmén, yǒu jǐ zhī dú sǐ de yěmāo zài bù yuǎn chù. zhǔrén shǐzhōng míhuò bùjiě, hé línjū shuō zhè jiàn shì. línjū shuō: "Zhè hái bù míngbai, hěn xiǎnrán, gǒu shì chī huíkòu sǐ de."

第十课　数量補語

第 1 部　キーポイントのチェック

1. 数量補語の定義

　　数量補語は、述語の後に置き、動作・行為の回数や時間の長さ、或いは比較した差を表す。数量補語は数詞や量詞が組み合わせたフレーズから構成される。動作・行為の回数を表す動量補語として「次、回、遍、下、趟、顿、场、眼、口、脚、拳、刀」などが用いられ、時間の長さを表す時量補語として「秒钟、分钟、刻钟、小时、天、星期、月、年、一会儿」などが使われる。また、比較した差を表す差量補語として「斤、米、岁、倍、一些、一点儿」などが用いられる。

2. 動量補語

　　1）次：我去过三次北京。（私は３回北京へ行ったことがある。）

　　2）回：也让我用一回吧。（１回私にも使わせてください。）

　　3）遍：这篇课文我读了五遍了。（この本文は、私は５回も読んだ。）

　　4）下：我轻轻地拍了他一下。（僕はそっと彼を叩いた。）

　　5）趟：今天我又去了一趟，他还是不在。（僕は今日も行ったが、やはり彼はいなかった。）

　　6）场：没考好，她大哭了一场。（テストはよくできなかったので、彼女は大泣きをした。）

　　7）顿：我狠狠地骂了他一顿。（私はきびしく彼を叱った。）

　　8）眼：他只看了一眼就走了。（彼は一目見ただけで、すぐ行ってしまった。）

　　9）口：我尝了一口，就知道是她做的。（僕は一口味わっただけで、彼女の料理だと分かった。）

　　10）脚：他踢了我一脚，把我吵醒了。（彼は僕を１回蹴った。それで僕は目が覚めた。）

11) 拳：他用力在桌上打了一拳。（彼は拳で強く机を叩いた。）

12) 刀：警察被罪犯砍了一刀。（警察は犯人にナイフで切られた。）

3. 時量補語

13) 秒钟：屏幕亮了几秒钟后，又黑了。（画面は何秒間か光っていたが、また暗くなった。）

14) 分钟：我等了他二十分钟。（僕は彼を20分も待った。）

15) 刻钟：盖上盖儿煮一刻钟就可以了。（ふたをして15分間煮れば出来上がる。）

16) 小时：我每天晚饭后散一小时步。（毎晩夕食後1時間散歩する。）

17) 天：我感冒了，在家休息了三天。（風を引いて、家で3日間休んだ。）

18) 星期：你学汉语学了几个星期了？（中国語の勉強は何週間になったか。）

19) 月：我学了三个月法语。（私は3カ月間フランス語を勉強した。）

20) 年：我练了三年太极拳。（僕は3年間太極拳を練習した。）

21) 一会儿：他们休息了一会儿，又继续干。（すこし休んでまたやり始めた。）

▲動作の持続時間ではなく、今までの経過時間を表す時量補語は目的語の後に置く。

22) 他们结婚一年了。（彼らは結婚して一年たった。）

23) 我们来日本六个月了。又继续干。（私たちは日本にきて6ヶ月たった。）

4. 差量補語

24) 斤：你的行李比我的重五斤。（君の荷物は僕のより5キロ重い。）

25) 米：我的房间比他的宽一米。（私の部屋は彼のより1メートル幅広い。）

26) 岁：她比我大两岁。（彼女は私より2歳年上だ。）

27) 倍：她打字的速度比我快一倍。（彼女の入力速度は私より倍速い。）

28) 一些：他的毛笔字比我好一些。（彼の筆字は僕よりうまい。）

29) 一点儿：今天比昨天暖和一点儿。（今日は昨日より少し暖かい。）

5. 数量補語の否定

30) 我学汉语还没学几个月。（中国語を習い始めて数カ月しか経っていない。）

31) 他们结婚还不到一年。（彼らは結婚してまだ1年もなっていない。）

32) 他们认识没有几天就好起来了。（あの2人は知り合ってからすぐ交際し始めた。）

33) 我也没看过几次。（私も数回しか見ていない。）

34) 她也没来过几回。（彼女も数回しか来たことがない。）

6. 数量補語構文の目的語の位置

(1) 数量補語の後に置く。「V 数量補語＋目的語」

35) 我学了两年汉语。（私は２年間中国語を習った。）

36) 我练了六年少林拳。（僕は６年間少林寺拳法を練習した。）

37) 我们唱了一个小时卡拉OK。（私たちは１時間カラオケを歌った。）

(2) 目的語は人間や人称代名詞の場合は、数量補語の前に置く。「V＋目的語＋数量補語」

38) 我见过她一次。（彼女に１回だけ会ったことがある。）

39) 我踢了他一脚。（僕は彼を１回蹴った。）

40) 我拿不动了，请帮我一下。（もう運べない。ちょっと手伝ってください。）

(3) 述語動詞の前に置く。「目的語＋V 数量補語」

41) 我汉语学了两年了。（中国語は、私は２年間習った。）

42) 我这部电影看了三遍。（この映画は、私は３回見た。）

43) 我这篇课文读了一小时。（この本文は、僕は１時間朗読した。）

(4) 数量補語の前に置くが、「V」を２回用いる。「V＋目的語＋V 数量補語」

44) 我学开车学了半年。（私は半年運転を習った。）

45) 我找他找了一个小时。（僕は彼を１時間も探した。）

46) 她骂我骂了三十分钟。（彼女は僕を30分も非難した。）

7. 第１部の例文のピンインを読みながら、文の意味を理解しよう。

1) cì : Wǒ qù guo sān cì Běijīng.

2) huí : Yě ràng wǒ yòng yì huí ba.

3) biàn : Zhè piān kèwén wǒ dú le wǔ biàn le.

4) xià : Wǒ qīngqīng de pāi le tā yí xià.

5) tàng : Jīntiān wǒ yòu qù le yí tàng, tā háishi bú zài.

6) chǎng : Méi kǎo hǎo, tā dà kū le yì chǎng.

7) dùn : Wǒ hěnhěn de mà le tā yí dùn.

8) yǎn : Tā zhǐ kàn le yì yǎn jiù zǒu le.

9) kǒu : Wǒ cháng le yì kǒu, jiù zhīdao shì tā zuò de.

10) jiǎo : Tā tī le wǒ yì jiǎo, bǎ wǒ chǎo xǐng le.

11) quán : Tā yòng lì zài zhuō shang dǎ le yì quán.

12) dāo : Jǐngchá bèi zuìfàn kǎn le yì dāo.

13) miǎo zhōng : Píngmù liàng le jǐ miǎo zhōng hòu, yòu hēi le.

14) fēn zhōng : Wǒ děng le tā 'èr shí fēn zhōng.

15) kè zhōng : Gài shang gàir zhǔ yí kè zhōng jiù kěyǐ le.

16) xiǎoshí : Wǒ měitiān wǎnfàn hòu sàn yì xiǎoshí bù.

17) tiān : Wǒ gǎnmào le, zài jiā xiūxi le sān tiān.

18) xīngqī : Nǐ xué Hànyǔ xué le jǐ ge xīngqī le?

19) yuè : Wǒ xué le sān ge yuè Fǎyǔ.

20) nián : Wǒ liàn le sān nián tàijíquán.

21) yíhuìr : Tāmen xiūxi le yíhuìr, yòu jìxù gàn.

22) Tāmen jiéhūn yì nián le.

23) Wǒmen lái Rìběn liù ge yuè le.

24) jīn : Nǐ de xíngli bǐ wǒ de zhòng wǔ jīn.

25) mǐ : Wǒ de fángjiān bǐ tā de kuān yì mǐ.

26) suì : Tā bǐ wǒ dà liǎng suì.

27) bèi : Tā dǎ zì de sùdù bǐ wǒ kuài yí bèi.

28) yìxiē : Tā de máobǐ zì bǐ wǒ hǎo yìxiē.

29) yìdiǎnr : Jīntiān bǐ zuótiān nuǎnhuo yìdiǎnr.

30) Wǒ xué Hànyǔ hái méi xué jǐ ge yuè.

31) Tāmen jié hūn hái bú dào yì nián.

32) Tāmen rènshi méiyǒu jǐ tiān jiù hǎo qǐlái le.

33) Wǒ yě méi kàn guo jǐ cì.

34) Tā yě méi lái guo jǐ huí.

35) Wǒ xué le liǎng nián Hànyǔ.

36) Wǒ liàn le liù nián Shàolínquán.

37) Wǒmen chàng le yí ge xiǎoshí Kǎlā OK.

38) Wǒ jiàn guo tā yí cì.

39) Wǒ tī le tā yì jiǎo.

40) Wǒ nábudòng le, qǐng bāng wǒ yíxià.

41) Wǒ Hànyǔ xué le liǎng nián le.

42) Wǒ zhè bù diànyǐng kàn le sān biàn.

43) Wǒ zhè piān kèwén dú le yì xiǎoshí.

44) Wǒ xué kāi chē xué le bàn nián.

45) Wǒ zhǎo tā zhǎo le yí ge xiǎoshí.

46) Tā mà wǒ mà le sān shí fēn zhōng.

第 2 部　キャパシティーアップトレーニング

(1) 次の文の数量補語を指摘しなさい。

1. 我等了他三个小时。
2. 我来日本五年了。
3. 我已经毕业三年了。
4. 我去了两次中国。
5. 那本书我看过三次。
6. 我见过她两次。
7. 我一个月去一次神户。
8. 这种药一天吃三次。
9. 我比他高三公分。
10. 这张桌子比那张长一米。

(2) 次の連語を並べ替えなさい。

1. 小猫，一脚，我，踢了，
   （子猫を1回蹴った。）
2. 小狗，一口，咬了，我，
   （子犬は僕に噛み付きました。）
3. 我，三年，在，了，大阪，住了，
   （私は大阪に3年間住んでいます。）
4. 比，我，三个月，他，早来，
   （彼は僕より3カ月早く来ました。）
5. 我，那儿，一次，去过，
   （私はあそこへ行ったことがあります。）

(3) 次の文の間違いや不適切な箇所を直しなさい。

1. 他买的 CD 比我的一些多。
2. 她比她妹妹两公分矮。
3. 我曾经见过一次她。

4. 房子里的灯一晚上亮了。

5. 大家等了十分钟你。

6. 我在北京一年住了。

7. 我一次去北海道旅游过。

8. 我五年来东京了。

9. 我问老师过三次。

10. 我一个小时每天看电视。

（4）次の文を中国語に訳しなさい。

1. 彼はどれぐらい休みましたか？

2. 遅刻は何回まで大丈夫ですか？

3. 彼女を1時間も待ったが、やはり来なかったです。

4. ここで少しお待ちください。すぐ来ますから。

5. 中国の人口は日本より13倍多いです。

6. 田中先生には2回しか会っていません。

7. 昨日何回も君に電話をかけたが、いなかったです。

8. 中国語は3年間勉強しましたが、リスニング力はまだまだです。

9. 彼は僕より3歳年上です。

10. 中国へ来て1カ月たちました。

11. 就職して何年になりましたか。

12. あの映画が大好きで、3回も見ました。

13. 週3回ほど中華料理を食べます。

14. 彼は私より何回か多く中国へ行きました。

15. 以前、1回だけ彼女にお会いしたことがあります。

（5）数量補語に注意しながら、次の会話文を朗読しなさい。

A：你的汉语说得真好，你是怎么学的？

B：我每天听录音，一天听一个小时。

A：我也在听，不过每天只听十分钟左右。

B：那太少了。还有，我每天至少朗读三遍课文。

A：是吗？我不太朗读课文，两、三天只读一次。

B：那不太好。你每天记单词吗？

A：对。早上记一次。

B：背得次数太少了。每天至少背三次才行。

A：我明白了。以后我每天多记几次。

B：我们一起加油学习吧。

A：Nǐ de Hànyǔ shuō de zhēn hǎo, nǐ shì zěnme xué de?

B：Wǒ měitiān tīng lùyīn, yì tiān tīng yí ge xiǎoshí.

A：Wǒ yě zài tīng, búguò měitiān zhǐ tīng shí fēn zhōng zuǒyòu.

B：Nà tài shǎo le. Háiyǒu, wǒ měitiān zhìshǎo lǎngdú sān biàn kèwén.

A：Shì ma? Wǒ bú tài lǎngdú kèwén, liǎng, sān tiān zhǐ dú yí cì.

B：Nà bú tài hǎo. Nǐ měitiān jì dāncí ma?

A：Duì. Zǎoshang jì yí cì.

B：Bèi de cìshù tài shǎo le. Měitiān zhìshǎo bèi sān cì cái xíng.

A：Wǒ míngbai le. Yǐhòu wǒ měitiān duō jì jǐ cì.

B：Wǒmen yìqǐ jiāyóu xuéxí ba.

(6) 次の日本語を中国語に訳しなさい。

　私は山口志穂と言います。山下静子さんは私の親友です。私たちは一緒に勉強したり、世間話をしたりします。昨日も山下さんの家へ行って、2時間ほど世間話をしました。私も山下さんも2回ほど中国へ行ったことがありますが、もう1回行こうと話しました。私は西安へ行こうと提案しましたが、山下さんは1回行ったことがあるので、桂林へ行くことにしました。北京で乗換えるか上海で乗り換えるかを話しましたが、山下さんも私も2回上海へ行ったことがあるので、北京で乗り換えることにしました。北京は2人とも1回しか行ったことがないので、もう1回見てみようと話し合いました。昨日はとても楽しかったです。

(7) 読んで笑おう。

　一天，上课铃声响了好久，还有七、八个同学没来。老教授就照例点名，同学们也就一个个地回答"到"。当他叫到"秦明"时，没有人回答。老教授连叫了三声"秦明"，依然没人回答。

他稍稍抬了一下头，从老花镜后仔细看了看全班同学，然后很纳闷地说："这个人是不是人缘很差？怎么连一个朋友都没有。"

（摘自笑话幽默网）

Yì tiān, shàng kè líng shēng xiǎng le hǎojiǔ, hái yǒu qī, bā ge tóngxué méi lái. Lǎo jiàoshòu jiù zhàolì diǎn míng, tóngxué mén yě jiù yígègè de huí dá "dào". Dāng tā jiào dào "Qín Míng" shí, méiyǒu rén huí dá. Lǎo jiàoshòu lián jiào le sān shēng "Qín Míng", yīrán méi rén huí dá.

Tā shāoshāo tái le yíxià tóu, cóng lǎohuājìng hòu zǐxì kàn le kàn quán bān tóngxué, ránhòu hěn nàmèn de shuō: "Zhè ge rén shì bu shì rényuán hěn chà? Zěnme lián yí ge péngyou dōu méiyǒu."

第十一课　方向補語

第 1 部　キーポイントのチェック

1. 方向補語の定義

　　動詞の後に置いて、動作の及ぶ方向を示す。形容詞の後にも付けることできるが、方向ではなく、派生的な意味を表し、結果補語のような働きをする。

　　方向補語には単純方向補語の「来、去、上、下、进、出、回、过、起」（タイプ１）と、複合方向補語の「上来、上去、下来、下去、进来、进去、出来、出去、起来」（タイプ２）がある。

2. 方向の基点

　　一般的に話者の位置を基点とする。第三者が客観的に語る場合には、語られる人物、対象を基点とする。

　　　1）老师走进教室。（先生が教室に入ってきた。）［話者が教室の中にいる場合。］
　　　2）老师把学生叫来。（先生は学生を呼んでくる。）［先生が基点になる。］

3. 方向補語の位置
(1) 述語の動詞や形容詞の後に置く。
　▲目的語がない場合、述語の動詞や形容詞の後に置く。「主語＋述語＋方向補語」
　　　3）他走过来了。（彼はやってきた。）
　　　4）你站起来！（立ち上がりなさい。）
　　　5）他的病好起来了。（彼の病気は良くなってきた。）
(2) 動詞の直後、目的語の前に置く。
　▲「上，下，进，出，回，过，起」は目的語があるかないかに関係なく、動詞の直後、目的語の前にしか置けない。
　　　6）学生们都爬上了山顶。（学生たちは皆登頂した。）

—81—

    7）她拿出一面小镜子。（彼女が小さな鏡を取り出した。）

    8）我飞快地跑过操场。（僕は早いスピードでグランドを走り抜けた。）

（3）目的語が場所詞や身体の一部である場合には、目的語の後ろに置く。

  ▲目的語が場所詞や身体の一部である場合、かつ方向補語に「来，去」が含まれる時には、「来，去」は目的語の後ろに置かなければならない。その他の方向補語は動詞の直後に置く。

    9）他跑进教室里来。（〇）他跑进来教室里。（×）　　（彼は教室に走って入ってきた。）

    10）我回中国去。（〇）我回去中国。（×）　　（私は中国に帰る。）

    11）他跑进教室里。（彼は教室に走って入った。）

（4）目的語が場所詞や身体の一部でない場合には、目的語の前にも後ろにも置ける。

    12）他拿来了一本书。（彼は本を1冊もってきた。）

    13）他拿了一本书来。（彼は本を1冊もってきた。）

（5）「了」が方向補語の後ろに置くのは一般的である。

  ▲「上来、上去、下来、下去、进来、进去、出来、出去、起来」が方向補語となる場合には、「了」が述語動詞の後にも置ける。

    14）他拿来了一个苹果。（〇）他拿来一个苹果了。（×）　　（彼はりんごを1つ持ってきた。）

    15）他走了过来。（〇）他走过来了。（〇）　　（彼は歩いてきた。）

（6）「把」構文、「被」構文にも方向補語が使われる。

    16）请把作业拿出来。（宿題を出してください。）

    17）作业被他拿走了。（宿題は彼に持っていかれた。）

4. 方向補語の否定

  方向補語文の否定は、動詞や形容詞の前に「没，没有」を使う。

    18）我没有回中国去。（私は中国に帰らなかった。）

    19）她今天又没到学校来。（彼女は今日また学校にこなかった。）

    20）吃了药，可是她还是没好起来。（薬を飲んだが、依然として治っていない。）

5. 派生義を表す方向補語

  「来，上，下，出，起」や「起来、下去、下来、出来、过来、过去、上来、上去」を

動詞か形容詞の後につけ、方向ではなく他の意味を表す場合がある。

(1) 多種多様な派生義

「来」

▲「看，想，听，说」の後に置き、推量やある方面に着目するという意味を表す。

21) 看来今天不会下雨了。(今の様子を見ると、今日、雨は降らないだろう。)

22) 想来她还是不错的女孩子。(考えてみれば、彼女はやはり良い女の子だろう。)

「上」

▲近づくことを表す。

23) 中国的棒球要追上世界水平还需要一段时间。(中国の野球は世界レベルに追い付くにはもう少し時間がいる。)

▲開いた状態から合わさった状態に向かう。電気製品なら、電源を切る意を表す。

24) 走的时候，不要忘了关上空调、电灯、窗户和门。(離れる時、エアコンや電気を消し、窓やドアをロックするのを忘れないで！)

▲目的やある数量に到達する意を表す。

25) 小王考上了北京大学。(王さんは北京大学に受かった。)

▲添加の意味などを表す。

26) 再加上一点儿酱油。(もう少し醤油を入れよう。)

「下」

▲人やものをある場所に固定させる意を表す。

27) 你先在我家住下，以后再想办法。(まず我が家に泊り、それから方法を考えよう。)

28) 请在这张纸上写下你的电话。(この紙にあなたの電話番号を書いてください。)

▲あるものを他の場所から離したり、収めたりする意を表す。

29) 脱下脏衣服，放到盆子里。(汚れた服を脱いで、たらいに置いてください。)

30) 这是我的心意，请一定收下。(これは私の気持ちなので、是非受け取ってください。)

「出」

▲隠れた状態から現れた状態へ、無から有への意を表す。

31) 我猜出了那个谜语。(僕はあのなぞなぞを当てた。)

32) 他在纸上写出了答案。(彼は紙に答案を書いておいた。)

33) 老板说出了他的真实想法。(社長が本音を吐き出した。)

「起」

▲動作があるものを出現させたり、及んだりする意を表す。

　　34) 教室里响起一片掌声。(教室の中に拍手が鳴り渡った。)

　　35) 我想起我们小时候的事。(私は幼い時のことを思い出した。)

「起来」

▲動作や状態が始まり、さらに継続する意を表す。

　　36) 她哭了起来。(彼女が泣き出した。)

　　37) 天暖和起来了。(天気が温かくなってきた。)

▲分散から集中になる意を表す。

　　38) 把这些玩具收拾起来吧。(これらの玩具を片付けよう。)

▲ある面に着目して、評価を下す意を表す。

　　39) 说起来容易，做起来难。(言うのは易しい、行うのは難しい。)

「下去」

▲状態や動作が継続する意を表す。

　　40) 我要把汉语学习下去。(中国語を学び続けていきたい。)

「下来」

▲ものを分離させる意を表す。

　　41) 把墙上的画拿下来。(壁にあった絵を外しなさい。)

▲動作によってものが固定される意を表す。

　　42) 大家的名字我都写下来了。(皆の名前は全部書いておいた。)

▲動作は過去から現在まで継続してきた意を表す。

　　43) 十年都坚持下来了。(10年間も頑張ってきた。)

「出来」

▲ものが隠れた状態から表に現れる意を表す。

　　44) 我马上就猜出来了。(私はすぐにわかった。)

▲無から有になる意を表す。

　　45) 我把作文写出来了。(作文を書き上げた。)

「过来」

▲事がもとの正常の状態に戻る意を表す。積極的な意味を持つ。

　　46) 老师把我的错误都改过来了。(先生は私の間違いを直してくれた。)

「过去」

▲正常な状態でなくなる意を表す。消極的な意味を持つ。

　　47) 他已经昏过去了。(彼は気を失ってしまった。)

「上来」

▲近づくことを表す。

　　48) 后边的人追上来了。(後ろの人が追い上げてきた。)

▲低い部門から高い部門にいたる意を表す。

　　49) 学生们把作业都交上来了吗？(学生たちは宿題を提出したか？)

「上去」

▲近づくことを表す。

　　50) 他走上去问好。(彼が近づけて挨拶した。)

▲低い部門から高い部門に至らせる意を表す。

　　51) 你把作业交上去了吗？(宿題を出したか？)

▲生産量、品質、レベルなど低い状態から高い状態に至らせる意を表す。

　　52) 我们要把生活水平提上去。(我々は生活のレベルを高めなければならない。)

(2) 派生義を表す時の方向補語の位置

　　▲目的語がある場合、方向補語に「来、去」を含まない時は述語の直後に、「来、去」が含まれる時は目的語を挟むように置くのが一般的である。

　　53) 天下起雨来了。(雨が降り出した。)

　　54) 我想起他的事情来。(彼のことを思い出した。)

　　55) 地址我已经记下来了。(住所はすでにメモしておいた。)

　　56) 他把论文交上去了。(彼は論文を提出した。)

6. 第1部の例文のピンインを読みながら、文の意味を理解しよう。

1) Lǎoshī zǒu jìn jiàoshì.

2) Lǎoshī bǎ xuésheng jiào lái.

3) Tā zǒu guòlai le.

4) Nǐ zhàn qǐlai !

5) Tā de bìng hǎo qǐlai le.

6) Xuésheng men dōu pá shàng le shāndǐng.

7) Tā ná chū yímiàn xiǎo jìngzi.

8) Wǒ fēikuài de pǎo guò cāochǎng.

9) Tā pǎo jìn jiàoshì li lái.

10) Wǒ huí Zhōngguó qù.

11) Tā pǎo jìn jiàoshì li.

12) Tā ná lái le yì běn shū.

13) Tā ná le yì běn shū lái.

14) Tā ná lái le yí ge píngguǒ.

15) Tā zǒu le guòlai.

16) Qǐng bǎ zuòyè ná chūlai.

17) Zuòyè bèi tā ná zǒu le.

18) Wǒ méiyǒu huí Zhōngguó qù.

19) Tā jīntiān yòu méi dào xuéxiào lái.

20) Chī le yào, kěshì tā háishi méi hǎo qǐlai.

21) Kànlái jīntiān bú huì xià yǔ le.

22) Xiǎnglái tā háishi búcuò de nǚ háizi.

23) Zhōngguó de bàngqiú yào zhuī shàng shìjiè shuǐpíng hái xūyào yí duàn shíjiān.

24) Zǒu de shíhou, bú yào wàng le guān shàng kōngtiáo、diàndēng、chuānghu hé mén.

25) Xiǎo Wáng kǎo shàng le Běijīng dàxué.

26) Zài jiā shàng yìdiǎnr jiàngyóu.

27) Nǐ xiān zài wǒ jiā zhù xià, yǐhòu zài xiǎng bànfǎ.

28) Qǐng zài zhè zhāng zhǐ shang xiě xià nǐ de diànhuà.

29) Tuō xià zāng yīfu, fàng dào pénzi li.

30) Zhè shì wǒ de xīnyì, qǐng yídìng shōu xià.

31) Wǒ cāi chū le nàge míyǔ.

32) Tā zài zhǐ shang xiě chū le dá'àn.

33) Lǎobǎn shuō chū le tā de zhēnshí xiǎngfǎ.

34) Jiàoshì li xiǎng qǐ yípiàn zhǎngshēng.

35) Wǒ xiǎng qǐ wǒmen xiǎo shíhou de shì.

36) Tā kū le qǐlai.

37) Tiān nuǎnhuo qǐlai le.

38) Bǎ zhèxiē wánjù shōushi qǐlai ba.

39) Shuō qǐlai róngyì, zuò qǐlai nán.

40) Wǒ yào bǎ Hànyǔ xuéxí xiàqu.

41) Bǎ qiáng shang de huà ná xiàlai.

42) Dàjiā de míngzi wǒ dōu xiě xiàlai le.

43) Shí nián dōu jiānchí xiàlai le.

44) Wǒ mǎshàng jiù cāi chūlai le.

45) Wǒ bǎ zuòwén xiě chūlai le.

46) Lǎoshī bǎ wǒ de cuòwù dōu gǎi guòlai le.

47) Tā yǐjīng hūn guòqu le.

48) Hòubian de rén zhuī shànglai le.

49) Xuésheng men bǎ zuòyè dōu jiāo shànglai le ma?

50) Tā zǒu shàngqu wèn hǎo.

51) Nǐ bǎ zuòyè jiāo shàngqu le ma?

52) Wǒmen yào bǎ shēnghuó shuǐpíng tí shàngqu.

53) Tiān xià qǐ yǔ lái le.

54) Wǒ xiǎng qǐ tā de shìqing lái.

55) Dìzhǐ wǒ yǐjīng jì xiàlai le.

56) Tā bǎ lùnwén jiāo shàngqu le.

第 2 部　キャパシティーアップトレーニング

(1) 次の文の方向補語を指摘しなさい。

1. 时间太晚了，我们该回家去了。
2. 她举起手来向我们挥了挥。
3. 先躺下休息一会儿吧。
4. 我没看出来这是你的字。
5. 拿起笔来好好写。
6. 你的学费怎么现在还没交上来？
7. 他走过去看了看，又走回来了。
8. 老师说的你都记下来了吗？
9. 小王听到同学在叫她，就马上跑下楼去了。
10. 你出去的时候让下一个人进来。

(2) 次の連語を並べ替えなさい。

1. 我，你，理由，说，别，出，生气，
　（訳を言いますから、怒らないでください。）
2. 车库，车，开，里，去，进，了，
　（車が車庫に入っていきました。）
3. 那，人，去，上，个，二楼，了，
　（あの人は2階に上がっていきましたよ。）
4. 他，从，只，抱，外面，回来，一，小猫，
　（彼は外から子猫を連れてきました。）
5. 她，一，就，没，起来，说，完，
　（彼女は話し出すと終わりが無いです。）

(3) 次の文の間違いや不適切な箇所を直しなさい。

1. 她已经回去美国了。
2. 山田从图书馆借来一本书了。
3. 我从树上摘去一只苹果。

4. 桌子上的笔滚出去了。
5. 他从书包里拿进来一本汉语书。
6. 那个小孩子从楼梯上摔上去，伤得很重。
7. 我猜不起来你最想做什么。
8. 他转过去身走了。
9. 你回来京都后，请跟我联系。
10. 雪下出来了。

(4) 次の文を中国語に訳しなさい。
1. あなたは何時に出かけましたか？
2. 今年の正月にふるさとへ帰るつもりです。
3. 先に映画館に入ってください！
4. お父さんはもう1台パソコンを買ってきました。
5. 図書館からあの本を借りてこようと考えています。
6. 学生証を出してください。
7. 隣の人がお土産を持ってきました。
8. 見た感じではこの服は大変いいですね。
9. 試験は一応合格しましたが、練習は続けていきたいです。
10. これは私の電話番号です。書きとめてください。
11. 彼は誰ですか？　私はどうしても思い出せませんね。
12. 彼はやっと分かってきました。
13. 雪が降り出しました。
14. 落ち着いてからゆっくり片付きましょう。
15. 最後に会社への文句を言い出しました。

(5) 方向補語に注意しながら、次の会話文を朗読しなさい。
A：你暑假去哪儿了？
B：我回中国去了。
A：那你一定带回来很多中国特产吧。
B：是啊！你呢？
A：我和朋友一起去爬富士山了。

B：真的吗？你们登上山顶了吗？

　　A：我们都登上山顶了。

　　B：从山顶看下去，风景一定很美吧？

　　A：还行。

　　A：Nǐ shǔjià qù nǎr le?

　　B：Wǒ huí Zhōngguó qù le.

　　A：Nà nǐ yídìng dài huílai hěn duō Zhōngguó tèchǎn ba.

　　B：Shì 'ā! nǐ ne?

　　A：Wǒ hé péngyou yìqǐ qù pá Fùshìshān le.

　　B：Zhēnde ma? Nǐmen dēng shàng shāndǐng le ma?

　　A：Wǒmen dōu dēng shàng shāndǐng le.

　　B：Cóng shāndǐng kàn xiàqu, fēngjǐng yídìng hěn měi ba.

　　A：Hái xíng.

(6) 次の日本語を中国語に訳しなさい。

　　私は今大学の4回生で、今年の3月に卒業します。東京で仕事を見つけたので、4年間過ごした京都を離れ、東京に行くことになりました。今日は引っ越しです。朝から荷物を片付けました。ハンガーから衣類を外し、ダンボール箱に入れました。クローゼットから服装ケースを出したり、雑貨を片付けてダンボール箱に入れたりしました。布団は布で包んでおきました。午後、引越屋さんの車がやってきました。荷物が車に積み込まれ、東京へ運ばれていきました。私も新幹線で東京へ出発します。

　　さよなら、京都！必ずまた帰ってきますよ。

(7) 読んで笑おう。

　　有三个人买东西。

　　店主问第一个人："你要什么？"

　　"我要一包上等茶叶。"

　　于是，店主架上梯子，爬到楼上拿了包茶叶下来。

　　问第二个人："你要什么？"

　　"一包上等茶叶。"

店主有些埋怨他怎么不早说，于是店主只好又架梯子，爬了上去。

问第三个人："你也要一包上等茶叶，是不是？"

"不是。"

店主听到不是就下来了，把东西给了第二个人。

问第三个人："那你要什么？"

"要两包上等茶叶。"

……

Yǒu sān ge rén mǎi dōngxi.

Diànzhǔ wèn dì yī ge rén: "Nǐ yào shénme？"

Wǒ yào yì bāo shàngděng cháyè.

Yúshì, diànzhǔ jià shang tīzi, pá dào lóu shàng ná le bāo cháyè xià lai.

Wèn dì'èr ge rén: "Nǐ yào shénme？"

"Yì bāo shàngděng cháyè."

Diànzhǔ yǒu xiē mányuàn tā zěnme bù zǎo shuō, Yúshì diànzhǔ zhǐhǎo yòu jià tīzi, pá le shàngqu.

Wèn dì sān ge rén: "Nǐ yě yào yì bāo shàngděng cháyè, shì bu shì？"

"Bú shì."

Diànzhǔ tīng dào bú shì jiù xià lái le, bǎ dōngxi gěi le dì'èr ge rén.

Wèn dì sān ge rén: "Nà nǐ yào shénme？"

"Wǒ yào liǎng bāo shàngděng cháyè."

……

第十二课　実力テスト（三）

1. 最も適当なことばを選んで、文の空欄を埋めなさい。

   (1) 你学（　　）开车了吗？
       (a) 到　　　　(b) 成　　　　(c) 见　　　　(d) 会
   (2) 论文你写（　　）了吗？
       (a) 懂　　　　(b) 着　　　　(c) 完　　　　(d) 上
   (3) 我已经吃（　　）了。
       (a) 对　　　　(b) 成　　　　(c) 满　　　　(d) 饱
   (4) 这道题你做（　　）了。
       (a) 见　　　　(b) 错　　　　(c) 大　　　　(d) 干净
   (5) 我去过（　　）美国。
       (a) 一遍　　　(b) 一次　　　(c) 一下　　　(d) 一顿
   (6) 他朝我的胸口打了（　　）。
       (a) 一拳　　　(b) 一眼　　　(c) 一天　　　(d) 一趟
   (7) 昨天他来晚了（　　）。
       (a) 一遍　　　(b) 一回　　　(c) 一天　　　(d) 二十分钟
   (8) 我学了（　　）汉语了。
       (a) 一倍　　　(b) 一年　　　(c) 一下　　　(d) 一眼
   (9) 请把笔记本拿出（　　）。
       (a) 来　　　　(b) 上　　　　(c) 下　　　　(d) 过
   (10) 她回老家（　　）了。
       (a) 进　　　　(b) 去　　　　(c) 出　　　　(d) 下

2. 次の文の中国語の語句を並べ替えなさい。

   (1) 好，晚饭，做，了，吗，
       （晩ご飯は出来上がりましたか。）

—92—

(2) 变，渐渐，辣椒，红了，
　　（唐辛子はだんだん赤くなってきました。）

(3) 卖，她，CD，一天，的，光，就，了，
　　（彼女のCDは一日だけで売り切れました。）

(4) 我，坏，电脑，把，弄，了，
　　（僕はパソコンを壊してしまいました。）

(5) 比，她，房间，的，我的，一倍，大，
　　（彼女の部屋は僕のより倍ぐらい大きいです。）

(6) 我，几天，北京，还，没有，来到，
　　（僕は北京へ来て数日しか経っていません。）

(7) 我，三次，他，请了，不来，他，还是，
　　（三回も彼を誘ったが、やはり来ません。）

(8) 累，也要，下去，做，了，
　　（疲れてもやり続けなければなりません。）

(9) 物价，已经，来，了，降下，
　　（物価は下がってきました。）

(10) 汽车，过，开，来，了，
　　（車は走ってきました。）

3. 次の日本語を中国語に訳しなさい。
　(1) 餃子を作りすぎて、食べきれないです。
　(2) 第3課の新出単語は覚えましたか。
　(3) 出発の用意はできましたか。
　(4) お腹が痛くて家で一日休みました。
　(5) さきほど事務室に入った人は誰ですか。

4. 次の中国語を日本語に訳しなさい。
　(1) 我想把这套旧房卖掉。
　(2) 门口摆满了鲜花和盆景。
　(3) 他比他哥哥高两公分。
　(4) 要赶上她的水平还早呢。

(5) 我没看出来这是改造过的。

5. 次の文章を読み、問いに答えなさい。

　　有一个人第一次去北京。到了北京后，他叫了一辆出租车，来到一家酒店。①办好手续住下后，换了衣服就去逛大街了。路上，他走 ② 一家电报局，给妻子发了一份电报，告诉她自己在北京的地址。这一天他去了很多地方，还参观了博物馆，进出于各大商场，晚上又去看了 ③ 京剧。

　　看 ④ 演出后，他决定回酒店休息，可是却忘了酒店的地址。于是他又来到电报局，给妻子又发了一次电报:⑤"速电告我在北京的地址。"

　　Yǒu yí ge rén dìyīcì qù Běijīng. Dào le Běijīng hòu, tā jiào le yí liàng chūzūchē, lái dào yì jiā jiǔdiàn. Bàn hǎo shǒuxù zhù xià hòu, huàn le yīfu jiù qù guàng dàjiē le. Lùshang, tā zǒu jìn yì jiā diànbào jú, gěi qīzi fā le yí fèn diànbào, gàosu tā zìjǐ zài Běijīng de dìzhǐ. Zhè yì tiān tā qù le hěn duō dì fang, hái cānguān le bówùguǎn, jìnchū yú gè dà shāngchǎng, wǎnshang yòu kàn le yì chǎng Jīngjù.

　　Kàn wán yǎnchū hòu, tā juédìng huí jiǔdiàn xiūxi, kěshì què wáng le jiǔdiàn de dìzhǐ. Yúshì tā yòu lái dào diànbào jú, gěi qīzi yòu fā le yí cì diànbào : " Sù diàn gào wǒ zài Běijīng de dìzhǐ."

(1) 下線部 ① の文を日本語に訳しなさい。

(2) 空欄 ② を埋めるのに最も適当なものは、次のどれか。
　　(a) 去　　　　(b) 进　　　　(c) 回　　　　(d) 下

(3) 空欄 ③ を埋めるのに最も適当なものは、次のどれか。
　　(a) 一遍　　　(b) 一趟　　　(c) 一场　　　(d) 一张

(4) 空欄 ④ を埋めるのに適当なものは、次のどれか。
　　(a) 完　　　　(b) 懂　　　　(c) 好　　　　(d) 多

(5) 下線部 ⑤ の意味は、次のどれか。
　　(a) 请速来北京。
　　(b) 请告诉我他的地址。

(c) 请告诉他我在北京的地址。

(d) 我忘记了我在北京的地址,请马上打电报告诉我。

第十三课　可能動詞と可能補語（一）

第 1 部　キーポイントのチェック

1. 「能、会、可以」による可能表現の定義

　「能、会、可以」は助動詞あるいは動詞として、他の動詞や動詞連語の前に置き、主体的な能力、客観的な条件が揃っているもとでの能力、技能をマスターしている能力、許される或いは許可するなどの可能の意味を表す。

	主体或いは客観的な条件が揃っている能力		情理上許されるまたは許可する		技能をマスターしている能力	
	肯定	否定	肯定	否定	肯定	否定
能	能	不能		不能		
会					会	不会
可以	可以		可以			

（1）能

▲ある客観的な条件が揃っていることを表す。否定は「不」を使う。

　1）我今天**能**去你那里。（今日、君のところへ行くことができる。）
　2）那儿没有山，冬天也不下雪，所以**不能**滑雪。（あそこは山もないし、冬は雪も降らないので、スキーはできない。）

▲主体的な能力を持っていることを表す。目的語は数量や限定修飾語を伴うことが多い。否定は「不能」を使う。あるいは可能補語の否定型を使う。

　3）我**能**吃两碗米饭。（僕はライス2杯も食べられる。）
　4）我**不能**吃两碗米饭。　我吃不下两碗米饭。（僕はライスを2杯食べられない。）
　5）我**能**看汉语报纸。（私は中国語の新聞が読める。）
　6）我**能**游五百米。（私は500メートル泳げる。）

7) 我能看见黑板。(黒板が見える。)

▲情理上許されることを表す。否定型のみ、肯定は「可以」を使う。

8) 孩子太可怜了，我**不能**不管。(子供は可哀そうで、助けてやらなければならない。)

9) 不是我的孩子，我**可以**不管。(自分の子供ではないので、面倒を見なくてもよい。)

10) 没有道理的事**不能**做。(理屈に合わないことはしてはいけない。)

▲許可を表す。否定型のみ、肯定は「可以」を使う。

11) 你**不能**走，在这儿等着。(離れてはいけない。ここにいなさい。)

12) 你**可以**走了。(帰っていい。)

13) 你现在**不能**进去。(今、中に入ってはいけない。)

(2) 会

▲「わかる」の意味を表す。否定は「不会」を使う。

14) 我会英语,但**不会**汉语。(私は英語ができるが、中国語はできない。)

▲技能をマスターした能力を表す。否定は「不会」を使う。

15) 我会开车。但是刚才喝了酒，现在**不能**开车。(車は運転できるが、お酒を飲んだので、今は運転できない。)

16) 我**不会**打字。你一分钟能打三百字，真了不起。(僕は入力できない。君、1分間に300字も入力できるなんて、本当にすごいね。)

(3) 可以

▲主体的条件或いは客観的条件が揃っていることを表す。否定は「不能」を使う、或いは可能補語の否定型を使う。

17) 已经没事了，你**可以**走了。(もう大丈夫だ。帰ってもいいよ。)

18) 事还没完，你**不能**走。(まだ終わっていないので、帰ってはいけない。)

19) 毕业以后我就**可以**去中国留学了。(卒業したら、中国へ留学に行けるようになる。)

20) 没有钱，我**去不了**中国。(お金がないので、中国へ行けない。)

21) 现在我还是学生，还**不能**自己生活。(今まだ学生なので、まだ独立はできないのだ。)

▲許可或いは情理上許されることを表す。否定は「不能」を使う。

22) 我们**可以**去朋友家住一晚。(友人の家へ行って一晩泊まってもいいのだ。)

23) 你今天**可以**不来，不过明天一定要来。(今日は来なくてもいい。明日は来なければならない。)

24) 现在校园里也**不能**抽烟了。（今、キャンパス内も禁煙となっている。）

(4) 「能，会，可以」の位置

▲「能,会,可以」は助動詞として使う場合には動詞の前に置くが、動詞との間に他の成分を挟む場合もある。

25) 我**能**见他。（彼に会うことができる。）

26) 我**能**今天见他。（彼に今日会うことができる。）

(5) 反復疑問文の時には動詞で反復するのではなく、助動詞を反復させる。

27) 你**会不会**打高尔夫球。（君はゴルフができるか。）

28) 我**可不可以**吃他的那份菜？（彼の分の料理を食べてもいいか。）

2. 可能補語による可能の表現

(1) 可能補語の定義

▲主体的条件（能力、力など）または客観的条件が、動作の（ある結果または方向の）実現を許すかどうかを表す。肯定は「動詞＋得＋結果（方向）補語」で表す。

29) 你**看得懂**那篇文章吗？（あなたはその文章がわかるか？）

30) 你**吃得了**这么多饺子吗？（こんなにたくさんの餃子を食べられるか？）

31) 这辆汽车**坐得下**五个人吗？（この車は５人乗りができるか。）

(2) 可能補語の否定

▲否定は「動詞＋不＋結果（方向）補語」で表す。

32) 没有时间，所以我**做不完**作业。（時間がないので、宿題は完成できない。）

33) 这道题太难了，我**答不出来**。（この問題は難しすぎる。僕は答えられない。）

(3) 可能補語の位置

▲動詞のすぐ後に置く。目的語がある場合には、目的語は可能補語の後或いは文頭に置く。

34) 你**买得到**那本书吗？（あの本は手に入れることができるか？）

35) 那本书你**买得到**吗？（あの本は手に入れることができるか？）

(4) 反復疑問文を作るときには可能補語を肯定否定と反復させる。

36) 那么贵的衣服，你**买得起买不起**？（あれほど高価な服は、あなたが買えるか？）

(5) 「能」の肯定と可能補語の肯定形を一緒に使う場合もある。

37) 你**能看得见**黑板吗？（黒板が見えるか。）

(6) 「能、会、可以」と可能補語の違い

▲情理上許されるかどうか、許可するかどうかという意味を表す場合には「能、不能」を用い、可能補語が使えない。ある結果（方向）に達するまで動作が行えるかどうかの意味を表す場合には、可能補語を使わなければならない。「会、可以」は可能補語の定義とまったく異なるため、分けやすい。

38) 这个车库不是我们的，你**不能**开进来。（この車庫は私たちの所有ではないので、入れてはいけない。）

39) 这个车库太小，你**开不进来**。（この車庫は小さすぎるので、入れることはできないと思う。）

3. 第1部の例文のピンインを読みながら、文の意味を理解しよう。

1) Wǒ jīntiān néng qù nǐ nàli.

2) Nàr méiyǒu shān, dōngtiān yě bú xià xuě, suǒyǐ bù néng huá xuě.

3) Wǒ néng chī liǎng wǎn mǐfàn.

4) Wǒ bù néng chī liǎng wǎn mǐfàn. Wǒ chībuxià liǎng wǎn mǐfàn.

5) Wǒ néng kàn Hànyǔ bàozhǐ.

6) Wǒ néng yóu wǔ bǎi mǐ.

7) Wǒ néng kàn jiàn hēibǎn.

8) Háizi tài kělián le, wǒ bù néng bù guǎn.

9) Bú shì wǒ de háizi, wǒ kěyǐ bù guǎn.

10) Méiyǒu dàoli de shì bù néng zuò.

11) Nǐ bù néng zǒu, zài zhèr děng zhe.

12) Nǐ kěyǐ zǒu le.

13) Nǐ xiànzài bù néng jìn qu.

14) Wǒ huì Yīngyǔ, dàn bú huì Hànyǔ.

15) Wǒ huì kāi chē. Dànshì gāngcái hē le jiǔ, xiànzài bù néng kāi chē.

16) Wǒ bú huì dǎ zì. Nǐ yī fēn zhōng néng dǎ sān bǎi zì, zhēn liǎobuqǐ.

17) Yǐjīng méi shì le, nǐ kěyǐ zǒu le.

18) Shì hái méi wán, nǐ bù néng zǒu.

19) Bìyè yǐhòu wǒ jiù kěyǐ qù Zhōngguó liúxué le.

20) Méiyǒu qián, wǒ qùbuliǎo Zhōngguó.

21) Xiànzài wǒ háishi xuésheng, hái bù néng zìjǐ shēnghuó.

22) Wǒmen kěyǐ qù péngyou jiā zhù yì wǎn.

23) Nǐ jīntiān kěyǐ bù lái, búguò míngtiān yídìng yào lái.

24) Xiànzài xiàoyuán li yě bù néng chōu yān le.

25) Wǒ néng jiàn tā.

26) Wǒ néng jīntiān jiàn tā.

27) Nǐ huì bu huì dǎ gāo'ěrfūqiú.

28) Wǒ kě bu kěyǐ chī tā de nà fèn cài?

29) Nǐ kàn de dǒng nà piān wénzhāng ma?

30) Nǐ chī de liǎo zhème duō jiǎozi ma?

31) Zhè liàng qìchē zuò de xià wǔ ge rén ma?

32) Méiyǒu shíjiān, suǒyǐ wǒ zuò bu wán zuòyè.

33) Zhè dào tí tài nán le, wǒ dá bu chū lái.

34) Nǐ mǎi de dào nà běn shū ma?

35) Nà běn shū nǐ mǎi de dào ma?

36) Nàme guì de yīfu, nǐ mǎi de qǐ mǎi bu qǐ?

37) Nǐ néng kàn de jiàn hēibǎn ma?

38) Zhège chēkù bú shì wǒmen de, nǐ bù néng kāi jìnlai.

39) Zhège chēkù tài xiǎo, nǐ kāi bu jìn lai.

第 2 部　キャパシティーアップトレーニング

(1) 次の文の可能を表す部分を指摘しなさい。
　1．妹妹五岁的时候就会写字了。
　2．那本书太厚了，一天两天看不完。
　3．这么脏的衣服一定洗不干净。
　4．外面太热，不能在太阳下锻炼很长时间。
　5．这件事我办不好。
　6．法语我没学过，完全听不懂。
　7．老师不同意，他怎么可以回去呢？
　8．这件衣服太小，我穿不下。
　9．从我的房间可以看到海。
　10．这个菜太辣，我吃不下。

(2) 次の文の連語を並べ替えなさい。
　1．跑，他，能，十，公里，
　　（彼は10キロ走れます。）
　2．已经，买，杂志，到，那，不，本，了，
　　（あの雑誌はもう手に入りません。）
　3．听，我，能，说，懂，你，的，话，
　　（あなたの話は分かります。）
　4．你，得，完，做，家务，不，完，这么，做，多，
　　（こんなにたくさんの家事は、君がこなせますか？）
　5．你，动，拿，件，得，这，行李，吗，
　　（この荷物は持てますか？）

(3) 次の文の間違いや不適切な箇所を直しなさい。
　1．我没学过汉语，所以我不可以说汉语。
　2．我打不下网球。
　3．我不能懂那部电影。

—101—

4. 课本卖完了，我不能买了。

5. 他不吃完三十个饺子。

6. 田中会游三千米。

7. 我不能学得会德语。

8. 你能开不开车？

9. 你看得出不出他的意图？

10. 作业太难，我不做出来。

（4）次の文を中国語に訳しなさい。

1. 明日は早めに行けますよ。

2. 切符はすでに売り切れで、もう買えません。

3. 去年水泳クラブに入ったので、今はもう泳げます。

4. こんなにたくさん注文して食べられますか？

5. 貧しくて、小学校にも行けません。

6. もう二度と遅刻してはいけません。

7. 先生はいつも宿題をたくさん出すから、やり終えられません。

8. 私の言っていることはわかりますか？

9. だいぶ前のことだから、もう思い出せません。

10. 単語が多すぎて、なかなか覚えられません。

11. 仕事はもう終わったので、帰ってもいいです。

12. 外はうるさすぎて、寝られません。

13. あの本、返してもらえますか？

14. この服は高くないので、買えます。

15. ごめんね！本当の理由は言えないです。

（5）文の可能表現を注意しながら、次の会話文を朗読しなさい。

A：你会游泳吗？

B：不会，你呢？

A：我会一点儿。不过一分钟只能游十米。

B：我一点儿也不会，你能不能教教我？

A：可以。明天我去游泳俱乐部。你能来吗？

B：明天我要打工，去不了。

A：什么时候你能来呢?

B：星期三可以。

A：那就星期三吧。

B：太好了。你看我学得会吗?

A：没问题! 你一定能学会。

A：Nǐ huì yóu yǒng ma?

B：Bú huì, nǐ ne?

A：Wǒ huì yìdiǎnr. Búguò yì fēn zhōng zhǐ néng yóu shí mǐ.

B：Wǒ yìdiǎnr yě bú huì, nǐ néng bu néng jiāo jiao wǒ?

A：Kěyǐ. Míngtiān wǒ qù yóu yǒng jùlèbù. Nǐ néng lái ma?

B：Míngtiān wǒ yào dǎ gōng, qù bu liǎo.

A：Shénme shíhou nǐ néng lái ne?

B：Xīngqī sān kěyǐ.

A：Nà jiù xīngqī sān ba.

B：Tài hǎo le. Nǐ kàn wǒ xué de huì ma?

A：Méi wèntí! Nǐ yídìng néng xué huì.

(6) 次の日本語を中国語に訳しなさい。

　　昨日、会社の面接試験を受けました。試験官が私に何が出来るかと質問しました。私は中学校からずっと野球をやっているため、野球ができると答えました。その会社は上海に支社があって、中国語を話せる人を募集しています。中国語の能力についても聞かれました。私たちの大学は１回生から中国語の授業がとれるので、３年間中国語を勉強しました。今は中国人の話していることが大体聞きとれます。上手にしゃべれませんが、中国語の新聞は読めます。先生は私が中国語検定試験の２級に受かることができると言っていました。

(7) 読んで笑おう。

　　「草船借箭」
　　夜，草船中——

鲁　肃："这样真的可以借到箭吗？孔明先生？"

诸葛亮："相信我。"

鲁　肃："可是我还是有些担心……"

诸葛亮："没必要。"

鲁　肃："可是，你不觉得船里越来越热吗？"

诸葛亮："这么说起来是有一点啊。……有什么不对劲吗？"

鲁　肃："是啊，天黑，我担心敌人射的是火箭……"

诸葛亮："哎!? 子敬……你会游泳吗？……我不会……"

(摘自笑话幽默网)

「Cǎo chuán jiè jiàn」

Yè, cǎo chuán zhōng --

Lǚ Sù："Zhèyàng zhēnde kěyǐ jiè dào jiàn ma? Kǒngmíng xiānsheng?"

Zhūgě liàng："Xiāngxìn wǒ."

Lǚ Sù："Kěshì wǒ háishi yǒuxiē dānxīn."

Zhūgě liàng："Méi bìyào."

Lǚ Sù："Kěshì, nǐ bù juéde chuán li yuèláiyuè rè ma?"

Zhūgě liàng："Zhème shuō qǐ lái shì yǒu yìdiǎnr 'ā. Yǒu shénme bú duì jìn ma?"

Lǚ Sù："Shì 'ā, tiān hēi, wǒ dānxīn dírén shè de shì huǒjiàn……"

Zhūgě liàng："Āi? Zǐjìng, ……nǐ huì yóu yǒng ma?……wǒ bú huì……"

第十四課　可能動詞と可能補語（二）

第 1 部　キーポイントのチェック

1. 可能補語が使われるケース
   （1）発話の重点は動作ではなく結果にある場合は、可能補語が使われる。発話の重点は動作にある場合は使わない。
      1）这道题我**做不出**。（この問題は解けなかった。）〔解いてみたが〕
      2）这道题我**不会做**。（この問題は私にはできない。）
      3）这道题我**不能做**。（この問題は私がやってはいけない。）
   （2）可能補語は最初の発話に来た場合は、疑問文を除いて否定型が多用される。
      4）教室的窗户**打不开**。（教室の窓が開けられない。）
      5）今天晚上我们**回不来**。（今晩、私達が帰れない。）
      6）今天晚上你们**回得来**吗？回得来。（今晩帰れる？　帰れるよ。）
      7）我说的话，你听得懂听不懂？没问题,我听得懂。（私が言ったことは分かるか。大丈夫だ。分かるよ。）

2. 可能補語の意味の違い
   中国語の可能補語と日本語の可能表現はかなりの違いがある。たとえば、日本語の「買える」を中国語で可能補語を使って表現すると、「买得起，买得到，买得来，买得着」のように、様々な表現がある。どの表現がそのときの文に合うかをよく考える必要がある。
   （1）「動詞＋得／不＋起」
      8）只有汉堡包还**吃得起**。（ハンバーガーだけは買える。）（お金がなく、ハンバーガー以外は買えないため。）
      9）这件衣服太贵了，我**买不起**。（この服が高すぎる。私は買えない。）
      10）私立大学的费用太高了，我们**上不起**。（私立大学の費用が高すぎる。私達は行けない。）

—105—

(2)「動詞＋得／不＋到」

 11) 这是两年前的杂志，现在已经**买不到**了。（これは2年前の雑誌なので、今はもう買えない。）

 12) 我们这里离海边很近，**买得到**新鲜的鱼虾。（この辺は海から近いので、新鮮な魚介類が買える。）

(3)「動詞＋得／不＋了」

 13) 这么多菜，实在**吃不了**。（こんなに沢山の料理は食べられないよ。）

 14) 作业太多，一天时间**做不了**。（宿題が多すぎる。1日では終われない。）

 15) 明天我要打工，**去不了**。（明日はバイトがあるので、行けない。）

 16) 这个工作我**做不了**。（この仕事は私はやれない。）

(4)「動詞＋得／不得」

 17) 现在的孩子**说不得**。（今の子どもは、叱ることができないのだ。）

 18) 那个人的话**听不得**。（あの人の話は、聞きいれたらだめよ。）

3. 可能補語構文の目的語の位置

(1) 目的語は「動詞＋結果補語」で作られた可能補語の後ろに置く。

 19) 我**吃不完**这么多菜。（こんなにたくさんの料理を食べ切れない。）

 20) 他**看不懂**汉语报纸。（彼は中国語の新聞を読めない。）

(2) 目的語は「動詞＋単純方向補語」で作られた可能補語の後ろに置く。

 21) 你**看得出**这是什么吗？（これはなにか分かるか？）

 22) 这辆车**坐不下**三个人。（この車は3人乗れないよ。）

(3)「動詞＋複合方向補語」で作られた可能補語の場合は"来，去"が含まれ、かつ方向を示さず、派生義で使われる可能補語の場合、目的語は"来，去"の前に置く。

 23) 我**想不起**老师的名字**来**。（先生の名前を思い出せない。）

 24) 他**说不出**话**来**了。（彼は話ができなくなった。）

4. 可能補語を作れない動詞

　一般的に二音節の動詞は可能補語を作れない。同義の一音節のものを選ぶ。

 25) 他想不到别人。（○）　　　　他考虑不到别人。（×）

 （彼は他人のことを目配りできない。）

26) 穷人买不起名牌。（○）　　　　　穷人购买不起名牌。（×）

（貧しい人はブランド品を買えない。）

5. 可能補語と一緒に使えないもの

(1) 助動詞、能動動詞と一緒に使えない。ただし「能」は除く。

27) 我想买到那本书。（○）　　　　　我想买得到那本书。（×）

（あの本を手に入れたい。）

28) 我可以看见黑板。（○）　　　　　我可以看得见黑板。（×）

（黒板が見える。）

(2) 処置文、受け身文に可能補語を用いることができない。

29) 我做得完作业。（○）　　　　　　我把作业做得完。（×）

（宿題をやり終えられる。）

30) 我没被雨淋湿。（○）　　　　　　我被雨淋不湿。（×）

（雨に濡らされていない。）

31) 你能看得见黑板吗？（黒板が見えますか。）

32) 他能学得好汉语吗？（彼は中国語をマスターできるか？）

6. その他

(1) 様態、程度を表す「得」補語との違い

33) 他汉语说不好。（彼は中国語を上手に話せない。）（可能に重点。）

34) 他汉语说得不好。（彼は中国語を上手に話していない。）（動作の様態に重点。）

(2) 特別な可能補語

35) 我对不起你。（あなたに申し訳ない。）

36) 小苗经不起暴风。（苗が暴風に耐えられない。）

37) 他看不起外国人。（彼は外国人を見下している。）

38) 我和他说不来。（彼と話が合わない。）

39) 这笔买卖划不来。（この商売は計算に合わない。）

40) 再不走就来不及了。（もう行かないと間に合わなくなる。）

41) 孩子舍不得离开妈妈。（子どもはお母さんから離れたくない。）

42) 我巴不得今天休息。（今日は休みであってほしい。）

43) 你怪不得别人。（他人のせいにしてはいけない。）

44) 我恨不得离开家。(家から出たくて仕方ない。)

45) 他说不定今天不来了。(彼が今日来なくなるかもしれない。)

7. 第1部の例文のピンインを読みながら、文の意味を理解しよう。

1) Zhè dào tí wǒ zuò bu chū.

2) Zhè dào tí wǒ bú huì zuò.

3) Zhè dào tí wǒ bù néng zuò.

4) Jiàoshì de chuānghu dǎ bu kāi.

5) Jīntiān wǎnshang wǒmen huí bu lái.

6) Jīntiān wǎnshang nǐmen huí de lái ma? Huí de lái.

7) Wǒ shuō de huà, nǐ tīng de dǒng tīng bu dǒng? Méi wèntí, wǒ tīng de dǒng.

8) Zhǐyǒu hànbǎobāo hái chī de qǐ.

9) Zhè jiàn yīfu tài guì le, wǒ mǎi bu qǐ.

10) Sīlì dàxué de fèiyòng tài gāo le, wǒmen shàng bu qǐ.

11) Zhè shì liǎng nián qián de zázhì, xiànzài yǐjīng mǎi bu dào le.

12) Wǒmen zhèli lí hǎibiān hěn jìn, mǎi de dào xīnxian de yú xiā.

13) Zhème duō cài, shízài chī bu liǎo.

14) Zuòyè tài duō, yì tiān shíjiān zuò bu liǎo.

15) Míngtiān wǒ yào dǎ gōng, qù bu liǎo.

16) Zhège gōngzuò wǒ zuò bu liǎo.

17) Xiànzài de háizi shuō bu de.

18) Nà ge rén de huà tīng bu de.

19) Wǒ chī bu wán zhème duō cài.

20) Tā kàn bu dǒng Hànyǔ bàozhǐ.

21) Nǐ kàn de chū zhè shì shénme ma?

22) Zhè liàng chē zuò bu xià sān ge rén.

23) Wǒ xiǎng bu qǐ lǎoshī de míngzi lái.

24) Tā shuō bu chū huà lái le.

25) Tā xiǎng bu dào biérén.

26) Qióngrén mǎi bu qǐ míngpái.

27) Wǒ xiǎng mǎi dào nà běn shū.

28) Wǒ kěyǐ kàn jiàn hēibǎn.
29) Wǒ zuò de wán zuòyè.
30) Wǒ méi bèi yǔ lín shī.
31) Nǐ néng kàn de jiàn hēibǎn ma?
32) Tā néng xué de hǎo Hànyǔ ma?
33) Tā Hànyǔ shuō bu hǎo.
34) Tā Hànyǔ shuō de bù hǎo.
35) Wǒ duìbuqǐ nǐ.
36) Xiǎo miáo jīngbuqǐ bàofēng.
37) Tā kànbuqǐ wàiguó rén.
38) Wǒ hé tā shuōbulái.
39) Zhè bǐ mǎimài huábulái.
40) Zài bù zǒu jiù láibují le.
41) Háizi shěbudé lí kāi māma.
42) Wǒ bābude jīntiān xiūxi.
43) Nǐ guàibude biérén.
44) Wǒ hènbude lí kāi jiā.
45) Tā shuōbudìng jīntiān bù lái le.

第 2 部　キャパシティーアップトレーニング

(1) 次の文の可能補語を指摘しなさい。
1．这件衣服太脏了，已经洗不干净了。
2．九点了，第一节课来不及了。
3．你看得了这么长的文章吗？
4．这本书我看不懂。
5．我想不起他的名字来了。
6．你跑得了马拉松吗？
7．这个点心已经过期，吃不得。
8．我们家付不起大学学费，所以高中毕业我就工作了。
9．你看得见舞台吗？
10．我找不到自己的座位。

(2) 次の連語を並べ替えなさい。
1．今天，太，不，多，去，了，事，健身房，
　　（今日は用事が多すぎて、ジムには行けません。）
2．那，到，杂志，买，本，完，了，买，已经，不，了，
　　（あの雑誌が売り切れで、もう買えません。）
3．那，首，太，我，难，弹，曲子，不，好，
　　（あの曲が難しすぎて、上手に弾けません。）
4．我，说，不，我，清，的，理由，
　　（理由をうまく説明できません。）
5．写，不，我，报告，出，来，
　　（僕はレポートを書き上げられません。）

(3) 次の文の間違いや不適切な箇所を直しなさい。
1．我会听得懂英语。
2．我们购买得到那个材料。
3．我不能做得完那件工作。

4. 我要去得了中国。

5. 太贵了，我买不到。

6. 教科书卖完了，我买不起了。

7. 这么多，我吃不起。

8. 太难了，我听不见。

9. 没有复习，今天的考试我考不上。

10. 你应该学得会汉语。

(4) 次の文を中国語に訳しなさい。

1. 日曜日は学校へ行けますか？

2. フランス語がわかりません。

3. 残業があって、私は連休は休めません。

4. 日本では本場の中華料理が食べられません。

5. 学生は家を買えません。

6. 難しすぎて、理解できません。

7. メガネを忘れて、前がはっきり見えません。

8. 毎日忙しくて、掃除ができません。

9. どこで彼に会ったのかを思い出せません。

10. 1月まで日本には帰れません。

11. 椅子は20脚しかないので、30人は入れません。

12. 電話が遠いので、はっきり聞こえません。

13. 彼女の誕生日を覚えられません。

14. 今年は日本へ来られますか？

15. 1日で全部読めますか？

(5) 可能補語に注意しながら、次の会話文を朗読しなさい。

A：最近怎么看不见你？

B：最近我很忙。你怎么样？

A：我还行。你忙什么呢？

B：我在写一篇报告。

A：什么时候交？

B：下个星期。

　A：你写得完吗？

　B：不知道。我要的书在图书馆找不到。

　A：来不及会怎么样？

　B：一定拿不到学分。

　A：网上信息多，你查了吗？

　B：对了。网上一定查得到。太谢谢你了。

　A：不客气。

　A：Zuìjìn zěnme kàn bu jiàn nǐ?

　B：Zuìjìn wǒ hěn máng. Nǐ zěnmeyàng?

　A：Wǒ hái xíng. Nǐ máng shénme ne?

　B：Wǒ zài xiě yì piān bàogào.

　A：Shénme shíhou jiāo?

　B：Xià ge xīngqī.

　A：Nǐ xiě de wán ma?

　B：Bù zhīdao. Wǒ yào de shū zài túshūguǎn zhǎo bu dào.

　A：Láibují huì zěnmeyàng?

　B：Yídìng ná bu dào xuéfēn.

　A：wǎng shàng xìnxī duō, nǐ chá le ma?

　B：Duì le. Wǎng shàng yídìng chá de dào. Tài xièxie nǐ le.

　A：Bú kèqi.

(6) 次の日本語を中国語に訳しなさい。

　外国語の勉強はとても重要ですが、外国語はなかなかマスターできません。私は大学に入る前に6年間英語を勉強しましたが、英語の文章は一応読めますが、外国人と話すと、質問がわからないし、答えることもできません。発音も上手にできません。単語は毎日努力して覚えていますが、すぐに忘れて、覚えられません。文法だけは練習をたくさんやったので、少し自信があります。話す練習、聞く練習もたくさんしたら、聞き取れるのでしょうか。いい方法を教えてください。

(7) 読んで笑おう。

「三国笑话」

要搭档就要和赵云搭档，冲锋时赵云会冲在前面，你只要掠阵就行了；撤退的时候赵云会替你断后，你只要先走就行了；你被包围的时候赵云还会来救你，你只要还没死就行了；领功劳的时候赵云会分你一半，你只要站在他身边就行了。借东西就借给鲁肃，人家是诚实君子，老实人一个，借给他放心。看病就替关羽看，人家不需要你用麻药，替你省钱，临走给你一大笔医药费。

（摘自笑话幽默网）

Sānguó xiàohua

Yào dādàng jiùyào hé Zhào Yún dādàng. Chōngfēng shí Zhào Yún huì chōng zài qiánmian, nǐ zhǐyào lüè zhèn jiù xíng le; Chètuì de shíhou Zhào Yún huì tì nǐ duàn hòu, nǐ zhǐyào xiān zǒu jiù xíng le; Nǐ bèi bāowéi de shíhou Zhào Yún hái huì lái jiù nǐ, nǐ zhǐyào hái méi sǐ jiù xíng le; Lǐng gōngláo de shíhou Zhào Yún huì fēn nǐ yíbàn, nǐ zhǐyào zhàn zài tā shēnbiān jiù xíng le. Jiè dōngxī jiù jiè gěi Lǔ Sù, rénjiā shì chéngshi jūnzǐ, lǎoshi rén yí gè, jiè gěi tā fang xīn. Kàn bìng jiù tì Guān Yǔ kàn, rénjiā bù xūyào nǐ yòng máyào, tì nǐ shěng qián, lín zǒu gěi nǐ yí dà bǐ yīyào fèi.

第十五课　実力テスト（四）

1. 最も適当なことばを選んで、文の空欄を埋めなさい。
   （1） 你昨天玩的游戏机（　　）爸爸送给我的生日礼物。
      (a)给　　　　(b)让　　　　(c)是　　　　(d)有
   （2） 日本最冷（　　）地方在北海道。
      (a)得　　　　(b)地　　　　(c)冷　　　　(d)的
   （3） 这部电影英语对白简单，你们（　　）看懂。
      (a)不可以　　(b)能　　　　(c)想　　　　(d)会
   （4） 我吃饭的时候，他（　　）睡觉。
      (a)有　　　　(b)在　　　　(c)多　　　　(d)会
   （5） 他今天（　　）车去学校。
      (a)坐　　　　(b)想　　　　(c)用　　　　(d)在
   （6） 他开车开（　　）很快。
      (a)地　　　　(b)的　　　　(c)得　　　　(d)不
   （7） 你学（　　）英语了吗？
      (a)去　　　　(b)下　　　　(c)会　　　　(d)来
   （8） 这么难的文章你看得（　　）吗？
      (a)会　　　　(b)懂　　　　(c)起　　　　(d)下
   （9） 我怎么也想不（　　）教室在哪儿。
      (a)起　　　　(b)来　　　　(c)上　　　　(d)下
   （10） 我一天吃三（　　）饭。
      (a)篇　　　　(b)趟　　　　(c)下　　　　(d)顿

2. 次の文の中国語の語句を並べ替えなさい。
   （1） 最，懂，难，的，是，听，不，地方，
      （最も難しいのが聞きとれないことです。）

—114—

（2） 六月，我，一定，考，以前，上，汉语检定，三级，的，考试，要，
　　　（6月までに絶対中検3級に受かりたいです。）

（3） 快，我，吃，吃，得，饭，很，
　　　（私はご飯を食べるのが早いです。）

（4） 他，十年，中国，住，了，了，在，
　　　（彼は中国で10年も住みました。）

（5） 终于，找，了，我，到，刘老师，
　　　（やっと劉先生が見つかりました。）

（6） 好看，的，多，了，看，电影，不，完，太，
　　　（いい映画が多すぎて、見終わりません。）

（7） 我，什么，不，说，好，知道，
　　　（何を言えばいいか分かりません。）

（8） 写，我，出来，两千字，的，不，报告，
　　　（2000字のレポートを書きあげられません。）

（9） 太，了，是，我，不，远，清楚，那，看，谁，
　　　（遠過ぎて、誰なのかはっきり見えません。）

（10） 明天，来，请，你，到，一定，我家，
　　　（明日ぜひ我が家に来てください。）

3. 次の日本語を中国語に訳しなさい。
（1） 私は絵が描けます。
（2） 宿題が多すぎて完成できません。
（3） 彼は1000メートルが泳げます。
（4） このテーブルを運べますか？
（5） 昨日遅くまで起きていました。

4. 次の中国語を日本語に訳しなさい。
（1） 他明天一定回得来。
（2） 最近很烦，吃不下，睡不好。
（3） 他没听懂老师说的话。
（4） 今年春天很冷，樱花开得很晚。

（5） 我紧张得说不出话来。

5. 次の文章を読み、問いに答えなさい。

　　薄熙来当大连市市长的时候，一次在佳能杯日语演讲比赛上致词：大家下午好，很对不起，来 ① 了。其实我来早了也没有用，因为反正我听不懂日语②。我很佩服吕万山会长和张步宁主任，他们从一开始就坐在这里聚精会神地听你们演讲，好像他们也 ③ 日语。日语演讲比赛越办越好，看到大堂坐 ④ 了人，我有两个相反的想法，一是这么多人都懂日语，说明日语挺好学，我也应该学，另一个想法是这么多人学，那我还学什么，到处都有我的翻译。

（摘自『世界上什么事最开心』一书，著者改编）

Bó Xīlái dāng Dàlián shì shìzhǎng de shíhou, yícì zài Jiānéngbēi Rìyǔ yǎnjiǎng bǐsài shàng zhì cí: Dàjiā xiàwǔ hǎo, hěn duìbuqǐ, lái wǎn le. Qíshí wǒ lái zǎo le yě méi yǒuyòng, yīnwèi fǎnzhèng wǒ tīng bu dǒng Rìyǔ. Wǒ hěn pèifu Lǚ Wànshān huìzhǎng hé Zhāng Bùníng zhǔrèn, tāmen cóng yī kāishǐ jiù zuò zài zhèlǐ jùjīnghuìshén de tīng nǐmen yǎnjiǎng, hǎoxiàng tāmen yě tīng de dǒng Rìyǔ. Rìyǔ yǎnjiǎng bǐsài yuè bànyuè hǎo, kàn dào dàtáng zuò mǎn le rén, wǒ yǒu liǎng ge xiāngfǎn de xiǎngfǎ, yī shì zhème duō rén dōu dǒng Rìyǔ, shuōmíng Rìyǔ tīng hǎo xué, wǒ yě yīnggāi xué, lìng yíge xiǎngfǎ shì zhème duō rén xué, nà wǒ hái xué shénme, dàochù dōu yǒu wǒ de fānyì.

（1） 空欄①を埋めるのに最も適当なものは、次のどれか。
　　　(a) 慢　　　　(b) 早　　　　(c) 晚　　　　(d) 快
（2） 下線部②の文を日本語に訳しなさい。

（3） 空欄③を埋めるのに最も適当なものは、次のどれか。
　　　(a) 听得懂　　(b) 能听　　　(c) 看得懂　　(d) 会说
（4） 空欄④を埋めるのに適当なものは、次のどれか。
　　　(a) 下　　　　(b) 满　　　　(c) 上　　　　(d) 直
（5） この文章を読んだ感想を中国語で書きなさい。

《著者紹介》

文　楚雄　立命館大学産業社会学部教授
陳　敏　立命館大学嘱託講師

チャイニーズ
センテンスの理解と実践

| 2010年5月20日　初版第1刷発行 | ＊定価は表紙に表示してあります |
| 2016年4月15日　初版第2刷発行 | |

	著　者	文　楚雄 ©
著者の了解により検印省略		陳　敏
	発行者	川　東　義　武

発行所　株式会社　晃洋書房

〒615-0026 京都市右京区西院北矢掛町7番地
電話　075(312)0788番(代)
振替口座　01040-6-32280

ISBN 978-4-7710-2120-4

版下　㈱中国語翻訳センター
印刷・製本　西濃印刷㈱

JCOPY　〈㈳出版者著作権管理機構　委託出版物〉

本書の無断複写は著作権法上での例外を除き禁じられています．複写される場合は，そのつど事前に，㈳出版者著作権管理機構（電話 03-3513-6969, FAX 03-3513-6979, e-mail:info@jcopy.or.jp）の許諾を得てください．